明公啟示錄

解密 維摩詰經

的大乘佛法實踐道 ③

—— 探索小乘與大乘之間的精髓教義

范明公　著

目錄 Contents

【 序 】

大乘不離小乘，
修行還需從最低處起修！ 06

第 一 章

開示彌勒菩薩感悟授記和菩提 09

第一節 過去、現在、未來皆是幻相 10

第二節 真正的授記、正位 21

第三節 何處尋菩提？ 30

第四節 修行每一步都有實證的功夫 43

第 二 章

指點光嚴童子直心即道場　　49

第一節　「光嚴童子」名字的來歷　　50

第二節　何為真正的道場？　　57

第三節　放下我執法執，即得解脫　　65

第四節　以四攝為道場，隨緣教化　　75

第五節　通世間法智，從博學多聞開始　　80

第六節　大乘菩薩道從有為二乘法修起　　88

第七節　紅塵眾生所在便是修行道場　　96

第 三 章

闡釋持世菩薩著魔的真相　　109

第一節　真正涅槃狀態為佛魔一體　　110

第二節　放下虛相，才能追求真的身命財　　121

第三節　持世菩薩執著度眾生，定功被破　　126

第四節　維摩詰看透魔王波旬，教化天女　　133

第五節　無盡燈法門照亮法身　　146

第 四 章

點化長者子善德布施真義　　151

第一節　長者子善德以財布施　　152

第二節　法布施救人發菩提心　　158

第三節　般若智慧皆從有為法而來　　166

第四節　正行善法，隨其心淨　　171

第五節　隨機說法，平等布施　　179

第 五 章

文殊利師與維摩詰論道談空　187

第一節　文殊師利菩薩讚揚圓融真俗二諦　188

第二節　維摩詰以神通變化接引世人　195

第三節　古佛相見，皆在表法　202

第四節　無字真經方為真正的經　208

第五節　眾生病皆因愚痴貪愛起　215

第六節　二佛論空性　223

第七節　破除六十二邪見，成正等正覺　229

大乘不離小乘，修行還需從最低處起修！

本書為《維摩詰經》第四品「菩薩品」及第五品「文殊師利問疾品」的內容解讀。范明公先生以深入淺出的方式，為讀者呈現了大乘菩薩道的修行之道。從前面的三品中，釋迦牟尼佛祖派座下十大弟子去問疾維摩詰居士，弟子們深覺其境界不及維摩詰，皆曾遭維摩詰呵斥，不敢去探視。

於是，在《維摩詰經》第四品「菩薩品」，佛祖派選大乘菩薩，比如彌勒菩薩、光嚴童子、持世菩薩、長者子善德去問疾，四位菩薩皆以境界不到，推辭無法問疾。藉此機緣說法，如維摩詰教導彌勒菩薩何為授記？指點光嚴童子何為道場？示導持世菩薩為何著魔？並點化長者子善德何為真正的布施？連大乘菩薩都無法勝任。

最後，透過第五品「文殊師利問疾品」，佛祖讓文殊師利菩薩去探視維摩詰居士。

因此本書全文都在解讀：何為大乘菩薩道？並明確指出了整部《維摩詰經》的核心宗旨：「不捨小乘，不住大乘。」換句話說，就是大乘不離小乘，「無為法」皆從「有為法」而起。這表示，大乘菩薩道

為最尊、最上、最第一之法，但修行還需從最低處起修，如六度萬行、三十七道品皆為修行基礎。

　　書中經義是對中土眾生修佛的一大提醒，切勿捨小乘，入大乘。小乘為根基，根基築穩了，才能走向大乘菩薩道。此為真正離苦得樂之道！

第
一
章

第四品菩薩品（一）

開示彌勒菩薩感悟授記和菩提

過去、現在和未來的生命體，其實不是一個實相，而是
幻相。

因為，生命體隨時都在變化。

所謂的授記、正位是什麼？眾生也能得到授記嗎？

只要掌握一個要點，就是修行就像是仰望星空、腳踩大
地，心中如如不動，恒常寂靜！

第一節　過去、現在、未來皆是幻相

於是佛告彌勒菩薩：「汝行詣維摩詰問疾。」彌勒白佛言：「世尊！我不堪任詣彼問疾。所以者何？憶念我昔，為兜率天王及其眷屬，說不退轉地之行，時維摩詰來謂我言：『彌勒！世尊授仁者記，一生當得阿耨多羅三藐三菩提，為用何生，得受記乎？過去耶？未來耶？現在耶？若過去生，過去生已滅；若未來生，未來生未至；若現在生，現在生無住，如佛所說。比丘，汝今即時，亦生亦老亦滅。若以無生得受記者，無生即是正位，於正位中，亦無受記，亦無得阿耨多羅三藐三菩提，雲何彌勒受一生記乎？為從如生得受記耶？為從如滅得受記耶？若以如生得受記者，如無有生；若以如滅得受記者，如無有滅。一切眾生皆如也，一切法亦如也，眾聖賢亦如也，至於彌勒亦如也。若彌勒得受記者，一切眾生亦應受記，所以者何？夫如者，不二不異，若彌勒得阿耨多羅三藐三菩提者，一切眾生皆亦應得，所以者何？一切眾生即菩提相。若彌勒得滅度者，一切眾生亦當滅度，所以者何？諸佛知一切眾生畢竟寂滅，即涅槃相，不復更滅。是

故彌勒無以此法誘諸天子，實無發阿耨多羅三藐三菩提心者，亦無退者。彌勒！當令此諸天子，舍于分別菩提之見，所以者何？菩提者不可以身得，不可以心得；寂滅是菩提，滅諸相故；不觀是菩提，離諸緣故；不行是菩提，無憶念故；斷是菩提，舍諸見故；離是菩提，離諸妄想故；障是菩提，障諸願故；不入是菩提，無貪著故；順是菩提，順於如故；住是菩提，住法性故；至是菩提，至實際故；不二是菩提，離意法故；等是菩提，等虛空故；無為是菩提，無生住滅故；知是菩提，了眾生心行故；不會是菩提，諸入不會故；不合是菩提，離煩惱習故；無處是菩提，無形色故；假名是菩提，名字空故。如化是菩提，無取捨故；無亂是菩提，常自靜故；善寂是菩提，性清淨故；無取是菩提，離攀緣故；無異是菩提，諸法等故；無比是菩提，無可喻故；微妙是菩提，諸法難知故。』世尊！維摩詰說是法時，二百天子得無生法忍。故我不任詣彼問疾。」

就授記和彌勒菩薩論道

【於是佛告彌勒菩薩：「汝行詣維摩詰問疾。」】

這句話是佛祖派選大乘菩薩之一的彌勒菩薩，請他去問候維摩詰病情。

【彌勒白佛言：「世尊！我不堪任詣彼問疾。所以者何？憶念我昔，為兜率天王及其眷屬，說不退轉地之行，時維摩詰來謂我言：『彌勒，世尊授仁者記，一生當得阿耨多羅三藐三菩提。』】這句話的意思是指彌勒菩薩在兜率天（註），對天人和他們的眷屬講述要如何能夠修到不退轉（註）的方法。這時候維摩詰也來到這裡，維摩詰就對彌勒菩薩說：「彌勒，世尊授仁者記，一生當得阿耨多羅三藐三菩提。」這句話的意思是指世尊佛祖（即釋迦牟尼佛）曾經給彌勒菩薩「授記」說：這就是他的最後一生，等再來的時候，他就能夠得到正等正覺（註），亦即成佛了。

＊註：兜率天為梵語 Tusita 的音譯，為欲界六天之一。此天一晝夜相當於人間四百年。住此的天人激體光明，但未斷欲，故仍屬欲界。

＊註：「不退轉」是梵文「avinivartanīya」的漢譯（「阿毘跋致」為音譯），這是菩薩階位的名稱。從字面的意義來看，它指達到此階位便不再退轉。是甚麼不會退轉呢？是為度生而成佛的決心不會退轉。

＊註：「正」是指毫無顛倒，是指他不但知道事物的深妙真理，而且是廣大、遍在的知道所有事物的真理，這樣的覺悟，是只有佛陀才具備的。因此，在成就圓滿菩提，也就是圓滿覺悟之後，修行者也就證悟了法身真如的本質，通澈一切諸法的真理，所以稱之為「正等正覺」。

【為用何生，得受記乎？】這裡的仁者，其實指的就是彌勒菩薩。受記，即授記，是指未來正果或者成佛的預言，也就是指釋迦牟尼佛祖對眾生講述他所作的預言——也就是只要你發阿耨多羅三藐三菩提心，誓要修成正等正覺的佛果，佛就做一個預言。

但這也都是看緣分，為什麼呢？是因為佛本身有宿命通和漏盡大神通 (註)。既然有無漏的神通，其實佛知道每一個眾生的前因後果，以及最後的結局，因此就以此來授記。

也因此，維摩詰居士就針對這件事情來和彌勒菩薩論道。

【為用何生，得受記乎？過去耶？未來耶？現在耶？若過去生，過去生已滅；若未來生，未來生未至；若現在生，現在生無住。】維摩詰問彌勒菩薩：「世尊為你授記，你已經修到了三大阿僧祇劫 (註)，那是無

＊註：宿命通及漏盡通均為六通之一，也就是六種神通境界的其中二個，其他還有包括神足通、天眼通、天耳通、他心通。漏盡通是一切阿羅漢所必有，但是其餘五種神通，要看修證禪定的程度及是否加修神通而定。

＊註：劫這個時間單位有大、中、小三者，這裡所謂的「劫」為大劫，故曰「三大阿僧祇劫」。菩薩之階位有五十位：十信十住十行十回向之四十位，為第一阿僧祇劫；十地之中，自初地至第七地，為第二阿僧祇劫；自八地至十地為第三阿僧祇劫。第十地圓滿，即佛果也。凡修行成佛者，必須經歷如此曠久之時，這稱為累劫修行、歷劫修行。

數生生世世的修行。」要知道，彌勒菩薩這一生是佛弟子，世尊說這一生是他的最後一生，下一生在龍華樹下成佛，成就正等正覺，所以彌勒菩薩也叫「候補佛」。

針對這件事，維摩詰就問彌勒菩薩：「佛祖到底對你的哪個生命體做授記呢？是過去的生命體，比如說前世嗎？還是今生？還是你的未來呢？到底哪個生命體能成佛呢？」

維摩詰提出了兩個十分重要的問題：第一個，佛祖對你哪個生命體授記？第二個，佛祖指出你的哪個生命體成佛？

維摩詰接著提出自己的看法：如果說是對你過去的生命體來授記的話，過去生命體也不是你，它已經滅了，已經不存在了。如果說是對你未來的生命體來授記成佛的話，未來的還沒有來，怎麼能授記呢？

如果佛祖是對你現在的生命體來授記的話，那麼現在的生命體以後真的能成佛。但是，你現在「不住」，即不停止的意思！也就是說話的當下瞬間，人的生命體不只是連續的，而是隨時都在起著變化。

所以，這就是幻相，是不住的，是不停止的，因為一瞬間都不會停住。

生命體隨時都在起變化

　　所以維摩詰居士認為，我們活在當下，當下就是瞬間。一個瞬間相當於一個片段，所以剛才「我」在說話的時候，其實已經不是我了，一秒鐘以後「我」就已經有變化了。

　　儒學思想不也一直在講述：人是有新陳代謝的，新陳代謝也就是更新換代，那叫「日新月異」。我們每天都是不同的，不僅是每天不同，每時每秒也都是不同的，每一個瞬間都是不同的。

　　人這個生命體，看似是連續的。好像從胎兒開始的「我」，到出生以後是「我」，到現在還是「我」，死也是「我」在死。但從實際上來講，不是這樣的。現在身體的我，早就已經不是最早胎兒出生以後的「我」了。

　　但為什麼我們會覺得自己生命是延續的？那是因為我們有思想、有記憶，所以才錯以為「我」是連續的。因為觀念及思想都是穩定的，好像形成一個有特色的我，從小到大就是這樣，一直到老。這包括了我的言談舉止、我考慮問題的方式、我的思維模式、行為模式、我做決策的模式等等，全都是相對穩定的。

於是，「我」就在穩定的前提下，錯以為這個「我」是連續的，是延續的，是不間斷的。

有所歸屬的假相

因為我是有記憶的，從出生開始，一直到現在，好像我昨天做了什麼事？前天做了什麼事？十年前做了什麼事？我結識了什麼人？等等，都是因為我有記憶。這個記憶是我的，就認為這個是「我」。但是其實不然，思想觀念也是在變，記憶也不是真的存在，而是「我」所以為的。我們緊緊地抓住這個記憶，認為「我」不變、「我」沒變。

為什麼要這樣？因為我們內心深處有一種極大的恐懼，非常害怕「我」是變幻的。變幻就是無常。我們非常害怕沒有固定的「我」，這是我們特別恐懼的。所以為了排除這種恐懼，就認為有一個真實的、獨立的、個體的、有個性的「我」，是存在的、是延續的。認為「我」是有因果的、有來處的。

我是從哪來？是媽媽懷孕，把我生下來的。這個就是「我」，一直到現在都是「我」。等到我死的時候，離開這個世界了，這個「我」就沒有了。然後才是下一個「我」，下一個投胎的「我」，並認為「

我」的生命好像是這樣，一段一段地在輪迴。這樣，我們心裡就穩定了，安全了，有歸屬感了。因為我覺得肉身就是我的居所，我周圍的環境，正所謂「我和我所」——有我，我的父母、我的兄弟姐妹、我的老婆和我的孩子，就建立了一個強化的、固著的「我」以及我所，「我」就安全了。

其實這是一個假相。

修到第八不動地，才能不退轉

在這裡，維摩詰居士其實就是在和彌勒菩薩講這個道理。為什麼？因為這裡是彌勒菩薩在教天人和他們的眷屬四不退轉的法門、修行的方法。彌勒菩薩告訴他們，你得修到第八不動地，才真的能夠不退轉。在七地之前都有退轉的可能性。但為什麼維摩詰聽到彌勒菩薩在對天人講這些的時候，突然來了？其實就是告訴彌勒菩薩：「你講的還是二乘法（註）。對這些大根性（註）的人、大乘的人這樣講，他們聽了以後會

*註：二乘，大乘佛教術語，對獨覺乘（或稱緣覺乘）與聲聞乘的合稱，主要修證內涵、途徑即是解脫道，是佛法修行兩個主要的法道之一，另一則是大乘（菩薩乘）所修行的菩薩道。

*註：大根性，根性是指人的本質，大根性在佛教上指人性中有很明顯的生出善、惡業的力量。

有很多迷惑的。」

　　你說要一生一世地這樣去修，得修到第八不動地、第八地菩薩，最後才能不退轉。那意味著好像就有一個固定的身體，而這個身體是不變的，他從初地菩薩一直修到八地菩薩之後，他才不退轉，就會給人一種假相，說這個身，就是我相。

　　我相、人相、眾生相、壽者相本身，就是一個權宜的教理，其實是沒有的，是無常的，本身也無我，都是幻相。在幻相上，不能談有什麼修行的次第。這個要給大家說清楚，不說清楚的話，大家就會有疑惑，甚至就會走到小乘，對我相執著，就開始修我這個身了，就去追求身體所謂的長壽，身體所謂的健康，身體所謂的享樂，身體所謂的成就，就會陷入五欲中。這就很麻煩了。

　　所以維摩詰居士來找彌勒菩薩，來提醒他，你的過去存在過嗎？過去的你是你嗎？未來的你還沒有來呢，你也不能提前說，提前說叫做妄想。包括釋迦牟尼佛祖給彌勒菩薩做授記，這事本身也叫有相法，也是落入二乘。為什麼就對彌勒菩薩的這個生命體去做授記，這個也是有相的事。

　　為什麼要授記呢？維摩詰居士講授這個比較透

徹，他從怎麼認識這個生命體開始著手。從他問的問題來看，過去「生」有嗎？過去「生」已滅，那不是我。那現在「生」呢？現在「生」也不住（不停止），因為生命本來也是隨時隨地、時時刻刻都在變化。一分鐘前的「我」已經不是現在的「我」了。我們的生命就像看電影一樣，電影是一幀一幀的，每一幀都是一個片段，無數的片段合起來以後，在有規律的、順行的過程中才給人一種連貫的感覺，但是那僅僅就是一種感覺。一旦要細分，我們就發現每一幀都是獨立的，每一幀跟前面的那一幀都是不同的。所以這就叫「諸行無常，諸法無我。」哪個是「我」？話剛一說完，這個「我」已經不是現在的「我」了。

　　所以，佛祖到底是對哪個彌勒菩薩你授記的？要知道，你還在川流不息的變化，就像河水一樣，你現在看到的河水和剛才看到的河水是一樣的嗎？你看到的剛才那河水早就已經流過去了，新來的河水又是新的河水了，你說話當下的河水，就已經不是剛才你所說的河水了。

　　人的生命就是這樣，河水與河水之間，就像一幀一幀地奔流不息，就像放電影一樣，有一個順行的過程。這個過程也是假的，所以說時間是假相，空間的

連續是假相，連同壽命這些都是假相。

　　因此，過去、現在和未來的生命體，其實不是一個實相，就是一個幻相，我們不能以幻為真。

第二節 真正的授記、正位

無生即是正位，無生即無滅

【如佛所說：比丘，汝今即時，亦生、亦老、亦滅。】意思就是諸比丘，佛祖在教導我們，你們現在當下的那一剎那，即生，即老，即滅。

正所謂「生老病死」，在這裡就說了三個——生、老和死。這裡把病和老放在一起了，病也是一個衰老的過程。當下生、老和死其實就在一起，沒有分別。這就是佛祖告訴弟子們，從剛一說到「當下」這一剎那的時候，其實它就已經滅了。於是「當下即滅」，後面一剎那就已經來了，「即生即滅」。一來的當下，有一個極短的老的過程，同時又滅，這是即滅，都是在一瞬間就過去了。所以現在、過去和未來，其實一切皆不可得。現在「不可住」，也就是說現在當下一剎那是停不住的，還是要往前走的，一剎那就過去了，已經不是剛才的一剎那了。

【若以無生得受記者，無生即是正位，於正位中，亦無受記，亦無得阿耨多羅三藐三菩提。】「無生」亦

即是得無生法。當你明白這個理了，生命體瞬間無一法可得。既無過去，也無現在、未來，瞬間即經過了生、老、死這些過程。當我悟到了這個，我就修得了無生法。

如果你修到了無生法，悟到了這個狀態、這個境界，由此而得授記的話，無生也無滅，就是空性。你明白這個理了，就明白什麼是真正的正位了。

正位的意思，不是釋迦牟尼佛祖跟彌勒說：「下一生你就是候補佛，你就成佛了，成正等正覺了。」其實真正釋迦牟尼佛祖和彌勒佛說的時候，不是像我們世間的理解，好像人與人之間的交班，或者授權的意思。真正的意思是，釋迦牟尼佛祖告訴彌勒，你馬上就能悟到無生法了。意思就是誰先悟到了無生法，悟到了生命的變幻，悟到了他的一切無所得，誰就得此授記了。

釋迦牟尼佛祖跟彌勒傳達的是：「彌勒你不斷的修啊修，修了八萬四千場劫，或者修了無數劫，就是為了這個。不是說我把位置讓給了你，下一步我圓寂的時候，你再來的時候，你接我的佛位。這好像是世間國王的權力交接一樣，那就不對了。」要知道，那就有生、有滅、有相了，佛祖不可能做那樣的事。

這裡面其實有很深的含義，而維摩詰居士就是來揭示出這一點的，什麼叫得正位，也就是你怎麼能成正等正覺呢？到底是誰得授記，授記到底是什麼含義？他在這裡講的就是這個意思，無生即是正位，即無生法，是無生亦即無滅，無生即無為，那就是空性，你真正證到了空性，那就是正位。空性又怎麼樣呢？空性又不空，破掉了空以後，你就得到了正位。破掉「空有二相」，又不代表得到了中間，還不是中間，這個時候你就得到了正位。如果是這樣，你就明白了、知道了什麼叫做正位。

「於正位中，亦無授記，亦無得阿耨多羅三藐三菩提」。維摩詰居士提點彌勒和眾人：如果你明白了真正的正位和授記的含義，你就知道了什麼叫授記。真正的授記是什麼？可不是有相的授記，可不是佛祖告訴你，你下一生就成正等正覺，就成佛了，這都是有相的，其實不存在。當你修到了那個程度的時候，哪有什麼授記？知道真諦、真如之理的時候，哪有什麼授記，哪有什麼成就正等正覺、阿耨多羅三藐三菩提？這些相都得破掉，都沒有。

於是，維摩詰就跟彌勒菩薩說：「你自己也得注意要把這個東西破掉！」

悟到真如本性，當下即正等正覺

【雲何彌勒受一生記乎？為從如生得受記耶？為從如滅得受記耶？若以如生得受記者，則如無有生；若以如滅得受記者，如無有滅。一切眾生皆如也，一切法亦如也，眾聖賢亦如也，至於彌勒亦如也。】這幾段都是一個意思。釋迦牟尼佛祖，菩提樹下夜睹明星而開悟，得大智慧。大地之眾生皆有如來智慧德相，皆由妄想執著而不能證得。你到底是從哪兒得到的授記？從哪個角度來說？如果從大地眾生的相來觀察，你就是大地的眾生。如果你以大地眾生的自性去觀察，你就發現根本不是大地眾生。這是什麼意思？一切眾生皆如也，都是這麼回事，眾生也是眾生相，眾生相變化不定，即是無常。就沒有一個人相、我相、眾生相、壽者相，一切都是心投射出來的影子。

比如《華嚴經》在說這個意思時講到：「應觀法界性，一切唯心造。」一切道理，都是唯心所現。也因此借用東晉的高僧僧肇曾說：「道遠乎哉？觸事而真；聖遠乎哉？體之即神。」這句話的意思：「道在哪裡？離人很遙遠嗎？你所觸及的任何事物都是道；聖人離人很遙遠嗎？你體悟了大道當下即是。」這段

話透露了修行唯有親身體證，才能獲得真實境界的真諦，其貴在實證實修。

因此整合起來就是：「心體即如，道遠乎哉，觸之即真；聖遠乎哉，體之即神，妙不可言，此即是『一切法亦如也』。」換句話說，大道真的離我們很遠嗎？一接觸了你就知道什麼是真。真正的聖賢離我們很遠嗎？真的能夠體會到這個了，你當即就是聖賢。所以這裡維摩詰就在講：「一切眾生皆如也，一切法皆如也」。

回歸空性，菩薩們的最終歸宿

前面講到底以什麼為授記？授記給誰了？誰成佛了，誰成正等正覺了？一說授記給誰了，這裡面就有生，有生必有滅。成佛了還滅什麼？佛即是如來。如來是什麼？從來就沒來過，就沒有去過。因為沒來過，哪有去？無生無滅，這叫「無生法」。所以在這裡我們要體會什麼是道？道在哪裡？搬柴運水無非佛道，鋤田種地總是禪機，佛道其實就是在搬柴運水裡，你上哪兒去求呢？鋤田種地總是禪機。

「如」又是什麼？「一切眾生皆如也，一切法亦如也。」如即是空，即是法性，即是無所得，同時也

是一切發「阿耨多羅三藐三菩提」大願的菩薩們最終的歸宿，那就回歸到了空性。所以可以這樣說：眾聖賢亦如也。比如說彌勒菩薩，同時也是聖賢的一類，所以「至於彌勒亦如也」。任何的聖賢，包括彌勒菩薩，想修成佛道，真正想得到佛果，達到佛的境界、如的境界，都得按照這條路走。

【若彌勒得授記者，一切眾生亦應授記。所以者何？夫如者，不二不異。】如果彌勒菩薩可以得到釋迦牟尼佛祖的授記，如果通達了這個理，我們就知道，可不僅是彌勒菩薩得到了這個授記，其實一切眾生沒有不得到這個授記的。因此後面又說「所以這何？」即為什麼是這樣呢？「夫如者，不二不異」再次提醒一次：想修成佛道，達到佛的境界、如的境界，就要從最基本的開始修起，從生活修起，從小乘修起。

【若彌勒得阿耨多羅三藐三菩提者，一切眾生皆亦應得，所以者何？一切眾生即菩提相。】這個就是剛才講的，提示我們不要用有形、有相的凡夫之眼，來觀察所看到的東西。因為我們用凡夫之眼看到的，就是釋迦牟尼佛祖為彌勒菩薩授記了，彷彿他就是下一任

的佛的傳人，交班給彌勒菩薩。但這就是表相，這個表相不究竟（註），就落入到了二乘的有別心。

　　這裡的意思是，當我們知道這個理。如前面所說的，眾生諸法聖賢，包括彌勒，一切都得尋這個「如」。「如」即不二不異，就是毫無二致、平等無分別。這個狀態就是二元對立被打破的狀態。我們就要清楚，釋迦牟尼佛祖給彌勒菩薩授記，其本質就是告訴彌勒菩薩，如果你真的能夠找到真如，你就悟到了本性。而你真的悟到了本性，你當下就空。當下空，即當下即正等正覺。佛祖並沒有說彌勒你這一生以後，再去成佛，而是說你什麼時候悟到了，什麼時候即成正等正覺。

　　龍華樹下成正等正覺，也是一種權宜的比喻而已，是一個象徵的意義，也不是實相，不是在現實中一定會存在。所以我們要清楚，誰悟到了，誰達到了這個境界，誰就能成正等正覺、成「阿耨多羅三藐三菩提」、成佛。這是對眾生而言的，所有的眾生、所有的聖賢，包括彌勒菩薩，都是一回事。

　　「若彌勒得阿耨多羅三藐三菩提者，一切眾生皆

*註：究竟與不究竟，佛教用語，指正與邪之差異，就在於究竟與不究竟之別。究竟的佛法是「讓人邁向（究竟）解脫的清淨之法」。

亦應得。」其實就是這個意思，誰做到了這一點，達到了這個境界，誰都能得。

法本性空，一切眾生即菩提相

「所以者何？一切眾生即菩提相。」每一個眾生，其實都有如來智慧德相，同時他又有障礙，又有煩惱。障礙煩惱是從哪裡來的？從二乘分別而來。話雖如此，你能放下你的分別嗎？放下你的分別，就得到了「如」。

所以又回到了「夫如者，不二不異」，誰達到了如的境界，亦叫做「真如」，即如中有真。我們一直在念「真如本性」，其實就這個意思。釋迦牟尼佛祖給所有的眾生，其實全都同時授記了，並不是說只有彌勒菩薩得到授記，彌勒菩薩能修成，一般眾生還差得很遠。我們一定要好好理解這個意思。

【若彌勒得滅度者，一切眾生亦當滅度。所以者何？諸佛知一切眾生畢竟寂滅，即涅槃相，不復更滅。】既然一切法都平等無差，即是真如實相、真如的本性，那麼彌勒能夠得滅度，一切眾生也同樣能夠得滅度。為什麼？因為諸佛深知，一切眾生變化的現象，

即是不變的空性。所以一切眾生不離生死，即是自性清淨涅槃，不再需要另外有一個寂滅的涅槃相。

第三節 何處尋菩提？

傳授佛法應因人而異

【是故彌勒無以此法誘諸天子，實無發阿耨多羅三藐三菩提心者，亦無退者。】這意思是維摩詰居士跟彌勒說：「你就別對這些天人和他們的眷屬，去講凡夫二乘外道的法了，不要用這個來誘導他們修行。」為什麼？法性不增不減、不垢不淨，就在那裡。眾生自性已是菩提了，不需要再發什麼菩提心了。既然沒發過菩提心，那還有什麼退轉的，怎麼還有退轉的可能呢？發過這個心，以此為真，那麼發了心以後，就存在一個相，相是什麼？我是否能堅持地發這個心，行這個願？這裡就有堅持與不堅持之分，不堅持了就叫「退轉」，質疑了就叫「退轉」，不勤奮了就叫「退轉」。我也沒發過這個心，我也無所謂堅持，也無所謂質疑，也沒有……，它就在那兒。法性本空，所以彌勒你就不要去對這些天人和眷屬去講小乘法了，這樣讓他們反而產生了分別。

但是這裡有個前提，維摩詰居士不是說對所有人講法，都要講這種真如空性。當然也不是對所有人來

講，都讓他們不要發「阿耨多羅三藐三菩提心」，無所謂修不修佛，本性就在那裡，自然而然的狀態就是不離佛道，搬柴運水無非佛道，什麼都是佛道。

維摩詰居士看到彌勒講法的對象，也就是天人和眷屬們，是有大乘根性的，即大乘根器人，也是有上上根的人。所以，維摩詰居士讓彌勒不要對他們去講小乘法，這樣反而讓他們產生分別。在這裡其實是這個意思，我們不要誤解。

【彌勒，當令此諸天子，舍于分別菩提之見。】後面又來教導彌勒。這裡一再強調「三藐三菩提」，然後這裡面又「舍於分別菩提之見」。

先瞭解一下菩提是什麼？菩提就是覺醒，也稱之為「覺悟」。覺悟什麼呢？覺悟生死。生死和涅槃其實又不一樣。這裡的「舍」同「捨」。

「分別菩提」是什麼意思？就是可能有的人輕生死，但是卻重涅槃，就覺得：「我要追求涅槃，人的生死其實無所謂，我這一生就是沒了，我下一生也能成人，或者也能成神，我照樣可以修行。」這就是所謂卑生死而尊重菩提。這就是有分別了，就不是真的覺悟。

我們即生即得菩提。涅槃在哪裡呢？涅槃即是生死，生死即是涅槃，沒有什麼尊卑、上下、貴賤之分，這個一定要清楚。透過對以上的探討，維摩詰居士對彌勒說：「你要是真的給這些天人和眷屬講法，應該怎麼講呢？應該讓他們放下所謂的分別菩提之見。」但要怎麼放下分別菩提之分呢？

【所以者何？菩提者，不可以身得，不可以心得。寂滅是菩提，滅諸相故。】何謂「不可以身得，不可以心得」？其實這一句如果用經典來解釋，就比如《楞嚴經》裡有這樣一段話能很好地來解釋：「狂心若歇，歇即菩提。」此時此地，一切的諍論，能所的計別，都已不復存在。能和所的計別，即算計、比較、分別，其實這個時候都已經不存在了。

正所謂「菩提者，不可以身得，不可以心得」。意思就是真正的菩提，是不可能從幻化的身體上得到的，也不可能在無常變化的心處而證得。

何謂「寂滅是菩提」？真正的菩提，不是生滅有相的法，所以說寂滅是菩提。那到底什麼是菩提呢？後面又說「寂滅是菩提，滅諸相故。」真正的菩提不可能從生滅有相的法中得。生滅既滅，則無相故，生

和滅都沒有，這就叫「無相」。所以生滅既滅，把生滅給滅掉，不分別生滅，這就叫「無生法」。你修到這個境界，你就能證到菩提了。

菩提還可以從哪兒證呢？緊接著後面的內容。

放下分別心，看萬事萬物皆是「如」

【不觀是菩提，離諸緣故。】何為不觀？菩提不是緣觀之法（註）。我們知道緣，好像有形有相的事情，都是五蘊和合而成、因緣和合而成。但是，真正的菩提就不是因緣和合而成，不能以緣來觀，所以說菩提不是緣觀之法，在此即是「不觀是菩提」。

「離諸緣故」，既然不觀是菩提，但是有能觀之心，必有所緣之境，我們好好理解，如果連生滅都沒有，那就是無能觀所緣由。形象連生滅都沒有，形和相其實也是幻，這就是無能觀之心，那所緣也沒有，所緣觀的境也是空的，也是沒有的。

所有的緣觀都是從哪來的？都是從比較而來的。如果把分別心都放下了，眾生皆如，眾生都是本性

---

*註：緣觀，為佛教語，是指所緣之境與能觀之心。其中「所緣境」就是「方法」，譬如念佛的人，佛號就是所緣境；參話頭的人，話頭就是所緣境；數息的人，數數就是所緣境；修不淨觀的人，不淨的境，即不淨的身體，就是所緣境。

無差不二的。既然是無差不二的，還有什麼個性的緣呢？我的心如果達到了如的境界，就沒有差異了，法性本空我都知道，心中無二，心中沒有差異，看萬事萬物皆是如，哪還有什麼所緣之心？菩提就是從這裡而得。

破生滅相，菩提性宛然

因此，諸緣、緣觀不可得。如果還覺著萬物是由不同的因緣，形成各種不同的差異，這就是著了有相。著了有相，即是入了生滅，還覺得生滅是存在的，就有了牽掛，就有了滯礙，就得不到菩提的真實義了。

【不行是菩提，無憶念故。】行是什麼意思？行是五陰之一，五陰就是色、受、想、行、識。行乃遷流之義，一切其實都是在行的過程中，不止不住。我們真正去尋找菩提，如何滅生滅相，得菩提？就是要沒有遷流的形和相，所以不行是菩提，必須得把它停住。所謂「停住」，就是我們認知到它的真如本性是空。行就是一個遷流之相。何謂不行？用一句話來解釋，即一切法不受，乃至於「不受」也不受，這就叫

「不行」。一切法不受，但是說不受也不對，又著了二邊，我把這些都得放下。

如是，則能「無所憶念」的緣故，所以「不行」。為什麼沒有憶念？憶是回憶，念是妄念，回憶是對過去，妄想是對未來。如果遷流之相你都不覺得是真的，就是空相，哪有過去和未來？所以我們就不會有憶和念，過去就讓它過去了，未來還沒來就不去想，當下也是無住。這樣來破生滅相，生滅相破了之後，菩提性才會「性宛然」，才會昭然若揭，就在那兒，不需要去練什麼菩提。菩提不是練出來的。

離開妄想執著，諸障願也即降服

【斷是菩提，舍諸見故。】在這裡，「斷」的是諸邪見，這叫做「斷是菩提」，是這些邪見偏執要斷掉。這些邪見本身就好像是在夢中所見到的景象——做了美夢，我們歡喜；做了噩夢，我們害怕，而在夢裡不是真的，是幻相，但是我執著了，執著於夢中的景，如此那就是真實的存在，是在我心裡的真實的存在。如果我不執著，其實就是斷了。所謂斷掉它了，意即是它有就有，但是我不執著於它，這就是斷。斷是菩提，能舍諸見故。

【離是菩提，離諸妄想故。障是菩提，障諸願故。】這裡講的是「離」各種妄想執著。如果能離開了妄想、執著，當下即得菩提。「障」是菩提又是什麼概念？在這裡來講就是降服諸障，即是菩提。那就是一切的願望即除，其實就是說：如果我離開了妄想和執著，一切的願望就能除掉，當下就降服諸障願。

【不入是菩提，無貪著故。】菩提不入諸塵（註），即無貪著。諸塵入就是六入，六入就是入到了諸塵、六塵當中。諸塵就是六塵，即外六塵。我不會被外六塵所牽引，不執著不貪著。外六塵不是讓我受用之境，我知道那是假的，那是四大和合而成的，我不以此為真，如果去掉了，我就能得到菩提真如。

【順是菩提，順於如故。】菩提是如實智，是真實的大智慧，應該去隨順，隨順菩提的真如本性，就能得到菩提。

＊註：「塵」就是塵垢，具有染汙的意思。諸塵指人因眼、耳、鼻、舌等對應色、聲、香、味、觸等真性被污染，叫「五塵」。六塵則比五塵之上多了法塵。人因為這些而讓人昇起種種分別想，譬如「喜愛這、不喜歡那」等，而生起「貪、瞋、癡」三毒，此「三毒」能害善根，損減功德，終致纏縛於生死苦海，故六塵又名六大賊。

【住是菩提，住法性故。】要住於真如法性。所以住是菩提，能住就是能安住在真如法性當中，就能得到菩提。

【至是菩提，至實際故。】真如的法性，周邊法界無所不至，就能抵達呈現實際的面目。實際面目就是本來空性。所以，如果我能悟到這一點，我就能夠認知到什麼是真如菩提。

【不二是菩提，離意法故。】不二是遠離主觀意識的分別，一切法平等，所以說不二是菩提。

【等是菩提，等虛空故。】等是平等的意思。修平等法，有如太虛空，看什麼都像看太虛空一樣，普含一切。如果能修成這種平等心，那就是在修菩提。

【無為是菩提，無生住滅故。】本來就沒有生、住、滅，本來就知道生、住、滅這三個相，不是真實的，但是又不拒絕生、住、滅這三相，只是不住於三相。我要做到這種程度，就能知道什麼是菩提。

【**知是菩提，了眾生心行故。**】知即是了了分明。能夠了了分明，知道眾生心中妄想起滅的緣故。我怎麼能夠了了分明地知道眾生心性？我怎麼能知道他們的心？這是不是已經具備了他心通和宿命通呢？其實，這種了了之分明，必須得達到真如的狀態。如果我看到眾生還是由不同因緣和合而成的個體，我就無法一一認知他們的起心動念、他們的行為舉止、他們的宿命，我就不知道了。所以必須得放下外相，我就自然而然地心得清淨。諸法平等、眾生平等的時候，自然而然清淨心起來了，這個時候「菩提性宛然」，菩提自然就現前，是不需要練的。不需要專門去練他心通或者宿命通。放下，清淨了即得。

【**不會是菩提，諸入不會故。**】何為不會？因為六根六塵互相匯合，根淨自性空，相待有。好好理解這句話。不會是菩提，什麼是不會？我內有六根、外有六境，六根不受六境所沾染，這就叫不會。不會，相待有，意思是不糾纏，不會糾纏在一起。這就是菩提。這是什麼意思？不受外境所牽染，不被外境所執著，由此而得真菩提。

「我」都沒有了，煩惱從何而生呢？

【**不合是菩提，離煩惱習故。**】如果說什麼東西不合，那麼首先，什麼東西相合呢？即是煩惱。所謂的煩惱、怨恨、陋習，這些我們要遠離，而煩惱怨恨本身沒有自性，我不可得。如是共生，合作無實，這個意思是我本來就是一個幻身，煩惱、怨恨、陋習這些東西，都是在幻上生幻，不能把它當真。

如果我把「我」當真了，這叫「我執」。有了一個我了，我又把煩惱這些東西當真了，這叫「合作共生」。我必須得將其斷開，斷開是什麼意思？即破我執。「我」都沒有了，煩惱從何而生呢？「我」是煩惱的主體，沒有我哪有煩惱？要斷開，不要合到一起，只有這樣才能遠離煩惱、陋習、怨恨，這些叫做「不合」，由此而可以得到菩提。

【**無處是菩提，無形色故。**】無處，什麼無處？因有色相，即有處所。這就像一個陶器，陶器隨形，各有處所，就有其安放的地方；比如說陶器做成吃飯的碗，就應放在吃飯的地方；陶器也可以做成馬桶，就不能放在吃飯的地方，必須放到角落廁所裡。

　　因為有色相，亦即是有形在，就有其功用。如果看到它的本質，飯碗和馬桶都是由沙、陶土做成的，土本身其實是無形無所，這是本質。但是人給它分別的。陶器就是陶土捏成的，無所謂什麼功能，本來也沒有什麼功能，所以陶器本身不自性，是人強加的，人分別成了它的功用，然後再擺放在應該擺放的地方，這些全是人後面加進去的。

　　要得到菩提，看萬事萬物，一定要放下形色。不要給它加功能，本體就是本體。所謂本質，即法本性空。所以一定要清楚，萬事萬物沒有形色。

放下名譽、身份、地位一切皆假

　　【假名是菩提，名字空故。】這個名，名分、名義，本身就非有實，就不是實實在在的。非有實即性空，不可執取，不可執念，不可以在這上面不斷去求，把這個都放下。所以，假名即自性菩提。所謂假名，不僅是名字本身，名字代表身份，名字代表的名號、身份、地位、名譽這些都是假的，把這些放下，你就能得到菩提。

　　【如化是菩提，無取捨故。】在這裡要分清楚，真

和妄其實是同一個源，本無有二。迷則執幻，假為實有，迷的時候執幻，悟的時候就知道了，幻假性空，此時全妄歸真，回歸空性，無取無捨。所以，如幻如化是菩提。這就叫「如化是菩提」，不取捨。

如化就是幻化。要知道，一切皆假、皆是幻化，還取捨什麼呢？知道是假的，還取捨嗎？從中而修菩提，能得菩提。

放下攀緣之心，不取不捨

【無亂是菩提，常自靜故。】因為恒常寂靜，一切聲色外塵不能侵擾，心中就能如如不動而無散亂。無亂就是我們內心如如不動，不被內五欲及外六境侵擾，這樣就可以得到菩提。

【善寂是菩提，性清淨故。】何為善寂？怎麼能做到性清淨呢？我們要清楚：靜，又無靜相。要做到動和靜平等，這就叫「本性清淨」，這就叫「善寂」。這個善寂就是菩提。

【無取是菩提，離攀緣故。】何為無取？真如法性，清淨無染。由此既無取又無捨，為什麼要攀緣？

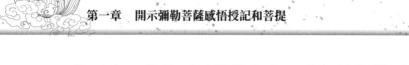

為了取。當放下了攀緣之心，我們就能做到無取無捨。這就是「無取是菩提」。

【無異是菩提，諸法等故。】既然一切法皆是平等，無有高下、貴賤、尊卑的分別，在這種狀態下，就能認取真如菩提。

【無比是菩提，不可喻故。】喻是比喻、描述。佛道平等無以倫比，是沒有一個參照物的，也就是沒有比較的。一旦有比較，就落入了二乘。很難去比較，很難去比喻，因為沒有什麼東西跟它是相似的。這就是無比、無可比喻。

這叫做「無比是菩提」，要在這裡去找菩提。

【微妙是菩提，諸法難知故。】真正的佛法，不僅無比無喻，甚至甚深微妙，不可思議。既無能知又無所知。所以這叫「難知」。

「微妙是菩提」，要找菩提就要從最深處、最妙處、最幽冥處去找。既在表面又不在表面。表面是相，不可以從相上找菩提，但是找菩提又不可以離於相。

第四節 修行每一步都有實證的功夫

明「理」了，也要從最基礎處起修

這裡舉了這麼多例子講菩提是什麼？我們一點點來體會，在現實中如果你沒有達到那個修行境界，講這麼多其實是沒有意義的。這點一定要清楚，一個是理，一個是修。只是理明白了不行，要修到了才可以。修不到，即便是理先通了那也沒有用，沒有證境（註）。

所以通過《維摩詰經》給大家來講解，尤其現在已經講到了菩薩道，我們就發現好像愈說愈虛無飄渺、愈摸不著頭緒。這些話就有點像《金剛經》、《壇經》裡的話。因為在這裡，《維摩詰經》是承上啟下的。

所謂啟下，即它的基礎就是小乘的教義，必須得非常通達，得修到羅漢果位。而且，就連佛的十大弟子都已經修到羅漢果位了，維摩詰還得斥責他們，然後教導他們大乘的教法。

所以看到《維摩詰經》這時就發現，當我們看

＊註：謂真如法性之理，是諸佛所證之境界。離念絕想，皆悉真如，是名證境。

「弟子品」的時候，還能摸出點邊，好像還有點把手可抓。等到了「菩薩品」的時候，基本上沒有什麼把手可抓，就是在字面上理解，理解起來都很困難。為什麼？因為我們沒有實證。我們的實證功夫，連阿羅漢果都沒有到，也即是十大弟子的果位都沒有到。所有的佛法都是從實證中來的，不是從道理或理論上來的。如果有了實證的功夫，在這裡講的都是不退轉地，那是達到第八不動地、第八地菩薩，才可以去看、去聽的。

或許你現在看到這一段的時候，已經完全暈了，看不懂了。看每一個字好像都清楚明白，但是沒有用的，因為實證功夫差太遠，所以要起修。我們現在當然不是不可以聽，但也就是聽聽而已，不可以當真。理上可以聽一下，但是實證上必須得從十善六度、三無漏學、四聖諦、三十七道品，從這些開始起修，一步一步地往下修，步步有實證的階梯，步步有實證的功夫，到達這個境界了，再來看這個理，再來聽這個理，完全都不一樣了。

所以，修行不可以一步登天。

所有佛法都是從實證而來

【世尊，維摩詰說是法時，二百天子得無生法忍，故我不任詣彼問疾。】彌勒菩薩講了這一段因緣，跟世尊說：「維摩詰居士說這些法的時候，200位天人都得到了無生法忍，已經明白了無生滅相。我確實是沒有這個能力，也不敢勝任去問候他的疾病。」

維摩詰居士對彌勒菩薩講的這一段，其實說的是一乘佛法。因為他面對的是大菩薩、大根性、大根器的人，直言不諱。其實，佛法只有一乘，沒有二乘、三乘，那些都叫「權宜之說」。

彌勒菩薩講的是小乘佛法。什麼叫做「二乘佛法」？聲聞乘是指什麼？是凡夫和修行眾生的一個境界，佛對他們講小乘教義，其實也是權益之說，不究竟。知道不究竟，但是也得跟那些初學者和小根性的人講，也得給他們一條路，給他們一條接引的路。

所謂的彌勒菩薩不授記。是從哪個角度來講的？是從空性法身而言。由差別處，而見無差別處；由生滅，而見不生滅；由二法而見無二法；由煩惱相，見煩惱性。所有的有形之相，都是一個幻相，本質其實都是不變的。就像上面說的陶器，陶器是各種形狀、

各種功用、各種用途，但是其本質都是沙土。

所以說到相，還得見相，還得有相，同時要知道它的本質。菩薩如果觀陶器，就是隨緣真如，「我知道它是一個碗，但是我知道它的本質是沙子，這是不變的。」

因為知道這個，他就不會執著於這個碗，碗本身無自性。煩惱是怎麼來的呢？如果知道這些都是無自性的，這些都是幻相，不執著它，不就沒有無明瞭嗎？我沒有困惑，就沒有無明瞭。無明就是困惑，有困惑我就不明白了，因為不明白了我才執著，由此而煩惱。

每一步修行，身心都起了巨大變化

所謂「悟了」，即什麼事情都知道其本性是什麼。本性皆為空，這我都知道了，我還有什麼可煩惱的？內五欲以及外六塵，包括十八界，我認清其真相了，怎麼還能有煩惱呢？但是這個是道理，只明白理不行，必須得有實修實證，得證到萬事萬物的真如本性，才會真正沒有煩惱。

如果我只是知道這個理，而沒有證到，煩惱就會不斷。知道這個理只是解悟，得通過不斷地行，在行

的過程中一點一點由有小證到大證，最後到證悟、徹悟，大徹大悟，這是一個過程。

　　只先知其理，在修行時，卻不能從這裡開始起修。因為即使明白這個理了，人與人之間、一切眾生是平等的，本質都一致，這對你來講沒有任何意義，沒有用，你用不了。不是說：認為它是平等，它就平等了。這就是只知其理，沒有證到，是不行的。

　　所謂的證到，每一步、每個階梯都有身心巨大的變化，那是真正的變化。現在這裡先明白這個理，然後還是要從最基礎處去起修，就是前面講的小乘教義，從這裡面開始起修，才能實現我們所說的，仰望星空同時腳踩著大地，這才真正是修行的路。

第二章

第四品菩薩品（二）

指點光嚴童子直心即道場

光和嚴是修的狀態，而童子是境界，當修到五欲清淨，智慧通達時，身發香光；修行當以四心，如直心、發行心、深心、喜歡心作為起修處。

道場不在紅塵世外，佛魔一如，佛魔共體，不動才是修行道場！

第一節 「光嚴童子」名字的來歷

佛告光嚴童子：「汝行詣維摩詰問疾。」光嚴白佛言：「世尊！我不堪任詣彼問疾。所以者何？憶念我昔出毗耶離大城，時維摩詰方入城，我即為作禮而問言：『居士從何所來？』答我言：『吾從道場來。』我問：『道場者何所是？』答曰：『直心是道場，無虛假故；發行是道場，能辦事故；深心是道場，增益功德故；菩提心是道場，無錯謬故；布施是道場，不望報故；持戒是道場，得願具故；忍辱是道場，於諸眾生心無礙故；精進是道場，不懈退故；禪定是道場，心調柔故；智慧是道場，現見諸法故；慈是道場，等眾生故；悲是道場，忍疲苦故；喜是道場，悅樂法故；舍是道場，憎愛斷故；神通是道場，成就六通故；解脫是道場，能背舍故；方便是道場，教化眾生故；四攝是道場，攝眾生故；多聞是道場，如聞行故；伏心是道場，正觀諸法故；三十七品是道場，舍有為法故；四諦是道場，不誑世間故；緣起是道場，無明乃至老死皆無盡故；諸煩惱是道場，知如實故；眾

生是道場，知無我故；一切法是道場，知諸法空故；降魔是道場，不傾動故；三界是道場，無所趣故；師子吼是道場，無所畏故；力、無畏、不共法是道場，無諸過故；三明是道場，無餘礙故；一念知一切法是道場，成就一切智故。如是，善男子！菩薩若應諸波羅蜜，教化眾生，諸有所作，舉足下足，當知皆從道場來，住於佛法矣！』說是法時，五百天人皆發阿耨多羅三藐三菩提心，故我不任詣彼問疾。」

色光、心光、非色非心光

【佛告光嚴童子：「汝行詣維摩詰問疾。」】 這句話是佛祖派選另一位大乘菩薩——光嚴童子，請他去問候維摩詰病情。

菩薩品一共是四品。光嚴童子，也稱「光嚴菩薩」。為什麼稱光嚴童子呢？其實在佛的經典裡介紹光嚴童子的資料比較少，很多人都不知道光嚴童子。光嚴童子被稱為「在家的菩薩」，他是維摩詰菩薩和寶積菩薩的法友。他們是好朋友，經常在一起論道。光嚴童子的境界也是很高的，是很厲害的一位菩薩、

是法身大士。光嚴童子的修行到了什麼境界呢？可稱作「居補處」（註）。

五欲清淨身發色光

光嚴童子的「光」在佛法中有三種：第一種光指的是「色光」，第二種是「心光」，第三種是「非色非心光」。

何為「色光」？色光，意即在修四念住時，尤其是修身念住、修背捨五欲時，比如修白骨觀。在修這些時，如果遠離五欲，身體的五欲逐漸清淨，身體就會發出一種光，叫做「八種光明」。佛經上講，發八種光明轉為勝處，一切處因此能放種種光明，即是色光。

色光又是怎麼來的？是個人修身而來的。人們現在的身體是汙穢、障礙、惡臭。為什麼會這樣？因為人有五欲，形成諸多惡毒，所以身體是汙穢惡臭。當我們不斷地修身念住，修有所成，身得清淨，五欲一點點削弱，身體自然就會有光明。這是色光。

當修到五欲清淨時，身體不僅有光明，還會有香

※註：補處為佛教詞語。「補處」指的就是佛寂滅後，菩薩成佛補到佛位。

氣。有的人身體有一種莫名的香，這樣的人必是相對比較清淨的人，所以身發香光。欲望欲念愈重的人，身體的體味就越重，是一種腐臭的味道。

所以，我們有時候與人接觸會發現，有的人特別青春靚麗、體生異香。其實對方並沒有塗抹任何香水，但身上沒有異味臭味，都是香味，甚至身發光彩，這種狀態就是色光。

智慧通達之時，心光即發

心光，即智慧的光明。當不斷地修行，斷了見惑、思惑後，尤其「所知障」逐漸破除後，智慧通達時，就會有一種光明，叫做心光。

何為「非色非心光」？比如修到了第一義如如不動，第一義光即是心如如不動，當心不亂動、不非議時，心也有光，這種光不是外顯的光，感受不到，這就是第一義光。比如說，菩薩也會放光，《大涅槃經》裡提到的明琉璃光，這種光就屬於非色非心光，這是一種修行的境界，當修行達到了一定的修行境界，自然而然會發出一種法性之光。《大涅槃經》云：光明即是第一義諦，非色非心而見色心。當你真的領悟第一義的真諦，自然就會發出一種光。佛、菩

薩，包括阿羅漢，都有光。比如說，釋迦牟尼佛、菩薩頭頂的圓光就是一種心光。第一義諦「非色非心光」是看不見的，盡虛空遍法界。

外道也有光，外道之光基本上是色心二光；只有真正圓滿的佛法，真正大乘佛法，才有第一義光，也叫「不可思議之光」。

以上，我們瞭解到的「光」有三種，光嚴童子菩薩即是修光而有所成。

光和嚴是修的狀態，童子是境界

而光嚴童子的「嚴」即福德、智慧兩種莊嚴，福慧兩種莊嚴。

《法華經》云：明色光即是福德莊嚴，心光即智慧莊嚴，第一義光即是法身，色心二種光嚴，顯發法身，故名「光嚴」。我們就知道為何叫「光嚴童子」，這種修行境界是一種象。

何為童子？即修行到了第八地，這樣的菩薩可以叫做「童子」，不退轉。到了第八地以後即重生了，相對無漏了，生命就已經超越了，這是童子。

世間的童子很純粹，心中無染，即心中無愛染，也叫「無愛自妻也」，自妻指的是自己的妻子，也叫

做「愛染」。那麼，出世間的童子又是什麼呢？

　　根據《維摩經略疏》裡所提到的「菩薩雖觀三諦，證諸法喜，若於二諦法喜不愛，即是不愛一切女人及他妻，不愛中道法喜，即是不愛自妻。」在法中而不是現實中的女人，菩薩講究的是已經修到了色界無色界以上，就沒有欲界的老婆、妻子概念，沒有人間之愛欲，是以能捨下對法的愛欲。

　　當個人修行到第八地菩薩時，亦即「於二諦法喜不愛」，就好像世間不愛一切女人、或者其他的妻子一樣。二諦法喜在菩薩中，就當於世間的其他女人和別人的妻子，我都不愛了。

　　「不愛中道法喜，即是不愛自妻也」，如果能夠不愛「中道法喜」，也就是所謂的求中道，能放下中道，這就是不愛中道法喜，代表的意思就好像世間的人不愛自己的妻子，對自己的妻子沒有愛欲了，這種貪欲、愛欲沒有了，於是「具此二義，如是童子，故名光嚴童子也。」這是他修到的一種境界。也就是說，光和嚴是修的一種狀態，童子是修的境界。

　　如前一章所述，通過維摩詰居士對彌勒菩薩的這一番話，其實是為我們指明了什麼是菩提。其實，維摩詰居士在做什麼事情呢？教會我們何謂菩提，教我

們如何開佛知見，即佛是怎麼看待菩提的。其中，維摩詰居士一再告訴彌勒菩薩：菩提不在後身，而是當下的無住無生。

　　而面對光嚴童子，維摩詰居士是在告訴光嚴童子：什麼是道場，真正的道場在哪裡？這個也是在為我們開佛之見，將人們引向大乘菩薩道。這一段其實是在闡述，道場不是世間的場所，道場在我們心中。

第二節 何為真正的道場？

打破對修行場所的固定思維

【光嚴白佛言：「世尊！我不堪任詣彼問疾。所以者何？」】光嚴童子對佛祖世尊說：「我不堪任詣彼問疾。」意思是：「我也去不了，無法勝任這個任務。」為什麼呢？

【憶念我昔出毗耶離大城，時維摩詰方入城，我即為作禮而問言：「居士從何所來？」答我言：「吾從道場來。」】光嚴童子回答說，從前有一天，我從毗耶離大城出來，剛走到城門處時遇到維摩詰居士正好進城，我看見維摩詰居士馬上向他行禮，然後恭敬地問他：「維摩詰居士，您這是從哪兒來啊？」維摩詰居士回答我，「我從道場來。」

「道場」在這裡的理解為「閑宴修道之處」。閑是閒暇，宴是宴請、宴禮、宴會，閑宴修道的地方都叫「道場」。

為什麼維摩詰會這麼回答：「我從道場來」呢？為什麼這個時候光嚴童子從城裡一出來就碰到維摩詰

居士，這是巧合嗎？

　　其實不是巧合，是維摩詰專門在這裡在迎接光嚴童子。為什麼要迎接他？目的是要教化他。因為我們知道光嚴童子他為什麼要離開毗耶離大城，他離城去幹什麼呢？其實是因為光嚴童子對於他要修行的場所很在意。

　　光嚴童子志好閑獨，他非常喜歡獨自找一個清淨的地方來修行。他經常從毗耶離大城出來到城外，去外面尋找安靜的地方，讓自己靜下來，打坐修行。

　　維摩詰居士早就知道是怎麼回事，所以今天故意等在城門口要巧遇光嚴童子。

　　原本光嚴童子在問維摩詰居士的時候，只是一句非常簡單的問候話，但是維摩詰相當於答非所問，直接告訴光嚴童子：「我是從道場來。」意思就是：「光嚴童子你從城內要出城，去尋找安靜的地方做道場，而我維摩詰就是從你所認定的安靜的城外道場回來的。」其實，他在這裡遇到光嚴童子，用意是告訴他真正的道場到底是什麼？並啟發光嚴童子，讓他不要受固定思維的限制。

　　那麼什麼是真正的道場。這也是「破」一個認知，在家或出家修行的眾生，該如何修大乘菩薩道，

這對我們很重要，對剛開始修佛法的眾生其實也很重要——真正的道場到底是一個地方？還是什麼其他的存在？

放下分別與主觀，直心就是道場

【我問：道場者何所是？】光嚴童子就提問：「到底什麼才是真正的道場呢？」其實，這時光嚴童子的心裡隱約有點感覺了。

【答曰：「直心是道場，無虛假故。」】維摩詰居士回答他：「道場不是一個地方，道場在哪裡呢？道場就在我們的心裡。」

修身修心，修身處，身即是道場；修心處，心即是道場。直心是道場，修心盡道，無亂之境，這就是道場。何謂「直心」？心不要亂，直就是不彎、不曲、不昧、不厭魅、不彎曲，這就是道場。所以道場不是指外面有形的一個場地，而是指無形的內在。

道本無聲無息，也沒有相，既不占時間也不占空間。涅槃、寂靜、無相、真如、實相，這些都可以說是道場。

從佛法來講，直心是什麼？是不是心直口快呢？

是不是有什麼就說什麼，毫無掩飾呢？說出來的話赤裸裸，完全不加修飾，這是不是直心呢？錯了，這不叫「直心」，那叫「粗劣心」。直心到底是什麼？在這裡先釐清一下，簡單地說，可以從三個方面來理解「直心」。

直心道場的三個面向

第一方面，即平常心。

平常心的意思就是，完全沒有主觀的分析和執著，就是放下了分別，放下主觀，但是如此就有了超越主客觀的清淨心，我們稱之為平常心。

平常心和心直口快有什麼區別？心直口快，毫無掩飾，也不是直心，那也是在你分析、判斷、推理的基礎上，還是在你的所知障下，有分別、有取捨，所發出來的心，那也是彎曲之心，不是直心。

清淨了以後發出來的不僅是語言，不僅是說出的話，你的一言一行、言行舉止，都叫做「直」，直是清淨的意思。直心，即清淨心，這個是道場，這時你發出的任何一句話，都帶著大智慧，是大智慧的一種流露。

真正的直心狀態就是所謂的平常心，也叫「清淨

心」。清清淨淨的、不思善不思惡，這就是修行，這就是開悟。不做主觀的分析，當下就是佛性的顯現，我們要去找這個心，稱為直心。

無得失心，心便不動

第二個方面，即不動心。

不動心，要怎麼理解？就是指對任何事情，我們保持一種狀態，一種無得失心，不計得失來做一切事。在這種狀態下，修的就是不動心，也就是使心處在一種平凡之中。

平凡之心也叫「好心」，好心即是無分別心。心怎麼能不動呢？一定是放下了分別，然後才能不取捨，心就不動了，這就叫「直心」，無分別心講的便是直心。

混亂心、顛倒心，就是扭曲的心，不是直心。真正的修行，從哪裡開始起修？為什麼維摩詰居士直接告訴光嚴童子，真正的道場是什麼？直接第一個就是直心，這就意味著，修行一定要從攝這個心開始。怎麼攝心？不讓心扭曲。那麼要怎樣才能讓心不扭曲？要把心安住，如如不動，就是安住了以後不動，這是修行的第一位。

怎麼才能做到直心？修行人先從亂心、顛倒心著手開始起修，然後能夠從亂心和顛倒心修回來，修成不亂。首先，要從三十七道品裡的初級功夫——四念住開始起修，先把心收回來，收到身上，不向外被牽引，不向外散亂，不向外去非議。這是第一步，即先把心收回來。

第二步才是把心安住。怎麼能夠安住，不被外境所牽引，讓心飛不出去？就是放下分別，不思善不思惡。先收心，再安心，這個過程就是直心的過程。

真正的直心又是什麼呢？是一片平坦，連續永恆，不亂不變，這是直心。直心也稱為不動心。怎麼才能修到真正不動的境界呢？這不是僅僅是個理，得真正地去修，得達到八地菩薩以上的境界，才真正能夠做到不動，這才是真正不動的境界。

即時覺照，掃除自己向內向外攀緣之心

第三個方面，放下攀緣之心。

放下攀緣之心，才能夠得到真正的直心。這應該怎麼做呢？需要做到即時地覺照，看著自己的起心動念，是否夾雜著貪嗔癡慢疑，是否被外境所牽引？時時刻刻心不向外去攀緣，也不向內去攀緣。向內攀緣

是向內五欲，向外攀緣是外六境。

真正的直心是什麼？如果我們能夠從心中掃除一切的攀緣境界，不論善惡、淨穢、美醜，徹底地放下，那麼我們當下便入佛之知見。這就是所謂「直心是道場，無虛假故」。

這就是修佛的第一步，是修我們的道場，修行第一步。

在大智慧的引導下發起萬行

【發行是道場，能辦事故。】發行是道場，發行即發起修行之心。

前面講的是直心，不斷地修直心。心一定得先從直處開始修，就是先清淨下來，清淨了才是直。先發直心是解，那麼在解清淨心的基礎上，後由直心而發行，就是發起真正的修行，發的是六度萬行。意思是，我只修清淨心還不行。只修清淨心，在現實中什麼都不做，天天就讓心清淨，這是不可以的。

直心是為了更好地承辦事業。我們發了「阿耨多羅三藐三菩提心」，我要修行、要承辦的事業，比如要救度眾生，共成佛果，要做好我要承辦的事業，這就是萬行。怎樣在直心的基礎上發起萬行？

　　直心是解，發起萬行即為行。如果做到了，就叫做「解行合一」，也叫「知行合一」。這個知，不是知道的意思，不是要多學習、知識多麼淵博。這個知，就是直，即清淨，以直心和清淨心而能得到大智慧，在大智慧的引領下發起六度萬行，便是道場，知行合一。只有在這種狀態下，才能做到隨機教化，承辦一切事務。

　　《華嚴經》有提到：「初發心住，能做道場，成等正覺。」剛開始修行菩提的修行人，就從這裡開始修：把心住下來、安下來。這個時候才真正能夠走上成佛之正道，才能承辦一切事業。

第三節 放下我執法執，即得解脫

四心是道場，也是起修處

【深心是道場，增益功德故。】「信解」這二字，在求學佛者十分重要！我們若能信入心，天地萬物諸法體悟瞭解，這就是道源功德，行菩薩道必定要從信解開始。因此當信解具足時，就是深心，此心才能夠腳踏實地，成為成佛功德的根本。

我們一直都在講述深心的真義。在這裡首先要理解的是，深心就是成佛的根本，是建立在前兩個道場的基礎上，一個是直心，另一個是發行，所謂「知行合一」。在這兩個基礎上，深入地去修行知行合一，後面就會達到信解具足、六度萬行 (註) ，皆有成就的狀態，也就是深心的狀態。

這時候，我們的心就能夠安下來了，在「行」中愈走愈深，愈修愈深。這就是成佛功德的根本。愈是如此在正道上走，你的功德就愈能圓滿增長，這就是深心是道場的意思。

*註：六度萬行分別是布施、持戒、忍辱、精進、禪定、般若，這六種。

　　【**菩提心是道場，無錯謬故。**】佛菩薩如果不發菩提心的話，我們學佛就沒有方向和目的，這樣很容易落入二乘，落入外道邪魔歧途中。因為愈修愈深，雖說我有直心，我有發行，但是方向不能錯。

　　關鍵是要有菩提心，菩提心即是我們的初心。為什麼要清淨？為什麼要六度萬行？為什麼要深入地修？一切都是在菩提心的引領下！不忘初心，方向就錯不了，就不會離開正道而入邪途。

　　所以說「菩提心是道場，無錯謬故」。無錯謬，就是我們不會走錯路。只要堅定地按照菩提心的方向行進，就能夠到達歸宿，所以說菩提心能統攝萬行，回歸空性，無所錯謬。

　　維摩詰居士就是在告訴光嚴童子，什麼是道場？在這裡點出了四心，即是直心、發行心、深心以及菩提心。這就是所謂的道場，真正的道場起修處。

　　眾生剛開始初學佛，不管是大乘、小乘，都要從四心起修。要認清道場，不是一個外在的清淨處，真正的道場是在自己的心裡！人在哪兒，道場在哪兒；心在哪裡，道場即在哪裡，與外面環境的嘈雜、清淨與否無關。

【布施是道場，不望報故；持戒是道場，得願具故；忍辱是道場，於諸眾生心無礙故；精進是道場，不懈怠故；禪定是道場，心調柔故。】這一段內容講的是六度。六度先發四心，就是起修處，後面就六度萬行。六度即是道場，接下來進入六度是道場的含義。

不圖、不望，為最高境界的布施

【布施是道場，不望報故。】真正的布施我們應該怎麼做呢？布施處即是道場，菩薩的六度就是道場，那是最高境界的布施。

簡單地說，不望、不圖所報的布施，是最高境界的布施，也叫做「三輪體空」，要修練出這個來。

所謂的有因有果，布施是因，福報是果，這就落入小乘了。當然這也是布施，這叫「有相布施」，還達不到最高的境界——三輪體空，不圖所報的布施。

如果你是為了圖好報、圖福報而布施，這叫做「人天之因」。你種的是人天之因，你的福報再大，也超不過天界，還在六道當中。

要知道，真正的布施，就是道場。布施當中就有下乘、中乘、上乘、上上乘之分，好好去修布施，我們就是在修行。

布施處即是修行道場。不望報故，才是最高境界的布施。

持如來三聚淨戒，從此不造惡業

【持戒是道場，得願具故。】首先要知道持什麼戒？戒，有初入門的五大戒，但是那也叫做有相之戒。在這裡，維摩詰居士是在告訴光嚴童子，要持什麼戒？是「如來三聚淨戒」。

何謂「如來三聚淨戒」？第一個是攝律儀戒，即遵守佛教制訂之各種戒律，防止過惡，因此是「攝律儀聚即莊嚴方便有餘土」。第二個是攝善法戒，即誓願實踐一切善法，以修習諸善為戒，因此是「攝善法聚即是莊嚴實報莊嚴土」。第三個是攝眾生戒，又稱「饒益有情戒」，即發心教化眾生，使得利益，因此是「饒益莊嚴凡聖同居土」。當三聚淨戒後，即可「三聚不缺，莊嚴常寂光土」，常寂光淨土，就是大圓滿、大威德，即為四佛土。

所以，戒德完全則有願必從。

為什麼要持戒？簡單的說，就是要規範我們的行為、思想及身口意；更進一步的說，就是破除我們的各種見惑思惑，將人們從彎道、歧途拉回並走向正途

軌道。

為什麼會把修行持戒當作是一個道場？因為在持戒的過程中，我們不斷規範身口意的行為，消除惡業。不造惡業，從此之後造的就是淨業。這時候我們有所願皆能從，所有的願望都能實現，這就是「持戒是道場，得願聚故」。

心便如如不動，即為道場

【忍辱是道場，於諸眾生心無礙故。】忍辱則是，怨憎、毒害、行苦，眾苦所逼，諦觀諸法，體性虛妄，則親證無生與法身相應。如此，視眾生的傷害這些行為，就會不以為意了。通達了這個法理，人們就不會被眼前所見、所認為的這些行為傷害，諸如謾罵、屈辱等再也不會被這些行為傷害，這時就能做到心無掛礙。

用真諦，即四聖諦，去觀諸法，你就能體會到體和性都是虛妄的，本身就不是真實存在的。所以，如果你還覺得別人是在侮辱你、傷害你，別人讓你受了委屈，那麼你的心還是放不下，對理還是不通透，實修實證處還是達不到那個境界。

如果能把忍辱修到高境界、上乘的話，眾生一切

針對你的所為，你都會心無掛礙，屆時你的心就會如如不動、寵辱不驚，此即謂「修忍辱處即是修行的道場」。

【精進是道場，不懈怠故。】這裡要如何理解精進和懈怠的關係呢？如果不攀緣一切存在的幻相，就常能與法性相應，無有懈怠。

事實上，不論從上乘、從大乘菩薩道來講，並沒有一個什麼東西叫做「精進」。真正理解大乘菩薩道，就知道你時時刻刻與法同在，與道同在，須臾不可或缺，須臾不可或離。哪有精進與不精進之分，哪有什麼懈怠的概念呢！

因此《華嚴經》提到：「若人心不起，精進無有涯。」只要人心不被牽扯，不被執迷，不被牽走了，還需要什麼精進？如此你隨時都在精進中，這就是能與空性法身相應，就是所謂大境界，如果能做到這樣的話，就不會中途而返。

所以，精進本身就是道場。

【禪定是道場，心調柔故。】先理解一下為什麼禪定是道場？如果你的心能夠與空相應，能體證到空

性，即真如之本性，心必然不會亂、不會浮動，這時候便進入到一種如如不動的狀態，心清清淨淨，毫無剛強可言，如此心則調柔。

到達這個境界的時候，隨時隨地就進入到金剛三昧的定境中，也就是因其堅固能斷破一切煩惱，猶如金剛堅固能摧破他物，就能通達一切諸法。心不亂動，心得清淨。柔即是平衡，不著二邊，自然而然地就進入到金剛三昧當中，這就是真正的禪定，而後就能成就正等正覺。其實就這麼簡單。

如何達到這個境界？怎麼能達到金剛三昧的定境呢？這是無時不在的。是在前面所有的基礎上，從直心開始，發行、深心、菩提心，一步步地修練，隨時都在六度萬行之中，由四心而發，修六度萬行，最終就能得清淨。

心所安處皆是道場，心所在處皆是道場

【智慧是道場，現見諸法故。】這句話的意思是，六度之中，智慧是眼，五度是盲，輪迴的根是無明。怎麼能對治無明呢？一定要用智慧去對治無明。一旦智慧展現了，那麼無量的無明就萬法消融。所以說五度是盲，修五度的時候，就是片面的。持戒也好，忍

辱也好，布施、精進、禪定也罷，這些都是片面的在修行。

　　但是，如果把五度都能修好了，最後得到禪定，進入這種狀態的時候，自然就會成就六度。大智慧就會生起，就會破你的無明。智慧一來，所謂的貪嗔癡慢疑，哪還會存在呢？所以說智慧是道場。

　　所以之前，講六度萬行是道場，後面講的則是慈悲喜捨，那稱為「四無量心」。四無量心又是道場，這都是在修心。

　　這裡再次說明瞭，真正的道場在哪裡，不是在外面，心所安處皆是道場，心所在處皆是道場。

　　【慈是道場，等眾生故。】諸佛成道，利樂一切眾生，如能行平等之大慈。慈心是建立在平等的基礎上，眾生與諸佛平等，佛沒有救助任何的眾生，但是眾生皆受益於佛。就像太陽的光芒照耀萬物，無大小、高低、貴賤之別。

　　【悲是道場，忍疲苦故。】諸佛出世是為了什麼？本來在寂靜涅槃中、常樂我淨處，那為什麼還要出世？出世就是為了救世拔苦。

佛行的是什麼？同體大悲，發大願救度一切眾生，不生疲厭。如此，則與諸佛同心相應，不落我、法二執。無生忍中，無疲勞痛苦。

在救度眾生的過程中，我們有疲勞有痛苦，亦得以同體大悲之心，拔眾生之苦，救度眾生。這就是「悲是道場」，在這個過程中我們還是在修行。

菩薩隨喜鼓勵眾生，得舍心無量

【**喜是道場，悅樂法故。**】眾生沉淪不返，是說眾生雖在苦中，但是苦中又有樂，眾生貪的就是樂。雖然是短暫的樂，但是眾生迷在其中了，樂而不知返。所以，諸佛能見眾生一念之善，即能隨喜，乃至見眾生念念皆善，破無明，顯法身，則大喜無量。菩薩能行無量大行，則能相契如來法身，與如來的法身就契合了。如此，法味無窮，愈樂人心。所以喜是道場。

通俗的意思就是，喜是隨喜，即隨喜眾生。諸佛見眾生一善，諸佛馬上就會讚歎、隨喜、鼓勵。如此愈鼓勵、愈隨喜，眾生就會愈向善，最後念念向善，與如來的心相契合。愈向善，愈得清淨，心又不亂不動，苦、煩惱就愈少，這樣喜樂之心就愈強烈，愈能走向佛法之正道。

　　【**舍是道場，憎愛斷故。**】舍，是什麼含義？心無分別，在平等法下，既同諸佛菩薩，同體大悲，無緣大慈。見眾生則無愛憎二相，此即謂舍心無量，如此心即與法身相契合。所以說「舍是道場」。

　　心無分別了，看眾生的時候，自然遠離了愛和憎這二相。這時修行的過程，就是在修持正法，得舍心無量，與法身契合，後面就會成就正等正覺。這些所謂的道場都是我們的修行處。

　　這裡是四無量心，前面是六度萬行，再前面是四發心。當我們不斷的修行，就發現四發心、六度萬行和四無量心，這都是小乘教義的內容。裡面都有提出修行方法。為何在這裡又提出來了？且又都是道場呢？維摩詰提出來的境界，與小乘教義裡告訴我們的修行境界是不同的，關鍵就在於發心不同：小乘發心是自我「了」然，自我解脫；大乘菩薩道的發心是救度眾生。

　　發心不同，修行的方法就不同，理解的深度、廣度自然有所區別。

第四節 以四攝為道場，隨緣教化

大神通無形無相，得救助者亦是無知無覺

【神通是道場，成就六通故。】何為神通？當菩薩要救助墜入三惡途的眾生，不僅僅是發法音妙理，為眾生講理，讓他們自行解脫。同時還得有方法和手段，當眾生無力自拔的時候，菩薩還是要從三惡途中把他們撈出來。這個方法就叫做「神通」，以此而利益眾生的事業，比較容易讓眾生因此而產生信任。

所以說，神通即是救度眾生，把眾生引向佛道，使其發菩提心的方便接引法門，亦可稱「接引法」，這就是「神通是道場」的真義。

佛教中所謂的「神通」，和外道的神通是不同的。佛教的神通講究的是以般若智慧為本，即「以有空義故，一切法得成」。神通在佛法中有六種：天眼通、天耳通、神足通，他心通、宿命通、漏盡通。

神通雖有六通，但僅僅是救度的方便而已。

其實無所謂幾種神通，如果真的修到了回歸空性的時候，處處皆顯神通，時時刻刻皆在神通之中，隨時隨地都在接引眾生。

　　神通是為了隨心顯化，實則無形無相。小神通亦稱為「有相之神通」，震驚世人，都覺得不可思議。但在這裡要講的救度眾生，修大乘菩薩道，神通也很重要。因為，這是大菩薩接引眾生的方法和手段。

　　【解脫是道場，能背舍故。】何為背舍？背離舍去，貪著與煩惱。解脫是道場，為什麼？能遠離我執與法執，在性相上無有障礙，即得自在解脫。解脫處即背離、捨棄了所謂的貪著與煩惱，這就是道場。

　　怎麼解脫？放下分別。先是放下我執，放下對我的執著，再放下對法的執著，佛法中這就是核心。

　　不放下即是還有分別心，就不得清淨，無法進入禪定。心不能進入禪定，就會混亂、扭曲、顛倒，你的人生、你的世界就是扭曲的、混亂的、顛倒的，這就是在煩惱與痛苦中煎熬的眾生相。所以說，解脫是道場。

以四攝為道場，接引眾生

　　【方便是道場，教化眾生故。】前文提到神通是方便的一種。其實一切的善巧隨機施教，有無數方便的法門，稱之為「大菩薩」。此即謂遊戲三界，隨緣教

化，目的是為了啟發眾生的般若智慧，使他們回歸空性。本著這個目的，佛祖展示神通，展示方便法門，不是為了炫耀，也不是為了以此來誘惑眾生，讓眾生跟隨。

因此真正修佛的人不僅要通理，還得有各種方便法，小道、外道都有那些神通，而修佛的弟子就沒有任何神通嗎？那憑什麼讓人家信任你呢？又如何能做到利益眾生？先利益眾生，然後才能接引眾生，就是這個道理。

【四攝是道場，攝眾生故。】四攝指的是布施攝、愛語攝、利行攝、同事攝。四攝怎樣接引眾生？教化怎麼來接引眾生？攝眾生就是接引眾生。

首先，通過布施攝，能做到愚者以財施，智者以法施。我們知道有三布施：財布施、法布施、無畏布施。愚者就是還執迷於世俗的人、不悟的人、沒有開化的人，就用財來故布施。如此讓他受益的時候，他就會跟隨著，一點點地破無明，一點點開智。而對智者，即發了菩提心的人，就以法布施將他帶向正途、正等正覺的佛途。此即謂之「布施攝」。

第二，愛語攝。我們應該怎麼做？愚者以軟語，

智者以法語，這是要分開的。愚者以軟語，軟語的意思是撫慰、安撫、讚歎，就是好聽的、他愛聽的話；對智者、已經發了菩提心的人、尋求無上大智慧的人，就不能用這個方法，要以法語直指人心，讓他直面一切，見諸真相，這就是「愛語攝」。

第三，利行攝。在這裡要注意：愚者令得俗利，而智者令得法利。對愚昧的、未開化的、執迷中的眾生，在現實中給他想要得到的好處，要財有財，要幸福有幸福，孩子要升學，想辦法幫助他升學，這叫「俗利」，以此作為攝取，亦即是接引的法，讓他願意親近你。他得俗利了，解決他現實中的問題了，他就願意親近你，如此你就有機會向他宣導佛之正理正法，將他引入正途。而對已經走上正途的智者，要給他法利，就要讓他拋下世俗，讓他真正地圓滿。

第四，同事攝。現實中怎麼作為道場運用呢？還是分兩項，惡人誘以善法，善人令其增長善根。人分兩類：一是善人，一是惡人。

對現實中的惡人，應該怎麼辦？修行之人要主動親近惡人，即使知道他唯利是圖，貪圖小利，做事不擇手段，不忠不孝，我們也要親近他，這就叫「同事攝」，跟他在一起，陪伴他。但是惡人不能以俗利，

不能給他財和俗利，這樣會滋長他的惡性貪著。反而應該誘導其善法，讓他行善，告訴他要信因果，修十善得善報。

對善人要增長其善根，要助他超離解脫，增長他的十善道，隨後告訴他什麼是四聖諦、三無漏學，教他發心，修六度萬行，修四無量心，此即謂增長其善根。

四攝本身就是道場，以此來攝眾生，接引眾生。

總而言之，真正的道場就在我們的修行處，不在別的地方，隨時隨地都是道場，外面的環境根本無所謂。這就是大乘菩薩道修行的場所，是佛知見。

第五節　通世間法智，從博學多聞開始

【多聞是道場，如聞行故。】前文講到，光嚴童子在向世尊解釋自己為什麼不能去問候維摩詰的原因，期間便提到了，維摩詰曾經開示光嚴童子的內容。在此，維摩詰進一步告訴我們，真正修行的道場不離世間覺。所謂「世間覺」，多聞就是世間覺悟的手段或者方法。

真正學習佛法，是要領悟大智慧。般若大智慧又稱之為「出世間的智慧」。般若大智慧，是智慧的圓滿相。

但如何能夠得到這種出世間的般若大智慧，智慧又如何圓滿呢？其實是有過程的，並不是一下子就能領悟，例如「我悟到了般若大智慧，即最圓滿的大智慧」，那是不可能的。

凡做任何事情，都有其基礎及過程。我們獲得智慧的基礎即是所謂的世智辯聰，必須得從世間的博學多聞開始，不可能脫離世間而談出世間的智慧。

真正想達到出世間的境界，首先得通達世間的境界。如果連世間是怎麼一回事都看不出來，連人都看不懂，世間的一切全都不明白，那就是個鄉野村夫。

以為天天打坐入定就得大智慧了？自然是不可能的。

六祖惠能給眾生呈現的「不識字、文盲、打柴的」，是典型的鄉野村夫，好像一點知識文化都沒有，但是他怎麼能一聽到《金剛經》，一看一念，「應無所住而生其心」，馬上大徹大悟就成佛了？六祖惠能呈現的是什麼？是禪宗不立文字，以心印心。他如此呈現是為了讓我們破除一個相，但是破並不代表沒有基礎，那是針對上上根的人來講的，惠能在之前已經修了多少生多少世，經歷多少億劫才能一聞《金剛經》的「應無所住而生其心」，立即大徹大悟。

其實，六祖惠能不識字，他讓我們破的是文字相，不讓我們著世間相。但是不著世間相，也不能去著所謂的文盲相，也不能去著所謂的無知相，這是不可以的。不能因為看到六祖惠能是這樣，就覺得自己在世間什麼書都不用讀了，什麼技能都不用學了，世間的一切知識全都是世間小智，都不要學了，就只學佛法。佛法當中選的還是《般若經》，天天讀《金剛經》、《心經》、《壇經》，覺得自己已是上上根了，但對於經文的道理卻一點也不去做，這不是胡扯嗎？最後能學到什麼呢？出世間法沒學好，世間法也不懂，這一生就會碌碌無為，什麼都不是了。

因此，千萬不要這樣修行，虛度人生！

禪宗，也要有最上上根人的基礎

反觀現今中國，尤其是中土學佛人，普遍存在的最大問題是看不懂學習佛法的階段性，只想一步登天，心存大妄想，天天都把大乘佛法、大乘教義掛在嘴邊，想要一步達到無為無相——「無人相、無我相、無眾生相、無壽者相，一切皆空，凡事無我，諸法無常」的大乘的境界，行大乘菩薩行。但又不想拘泥於世間的戒定慧，不要拘泥於世間的三法印、四聖諦、十二因緣、三十七道品等這些有形有相的小乘教義。這就是中土學佛眾生的最大弊端。

結果，對於世間法一竅不通。莫說世間所謂的小乘，連世間做人的基礎、做人的基本規矩都沒有了，天天一句「酒肉穿腸過，佛祖心中留」……　，根本不知道佛祖究竟在哪兒？無為要從哪裡起修？

無為是從有為處修的。有一句話如此說：「有為須極到無為」。無為是怎麼來的？有為達到了極致，自然就到了無為的境界。如果連有為都還沒有，何談無為？那不就是空談嗎？所以現在中土的學佛眾生，最大的弊病就是這一點——捨棄小乘，直入大乘，住

於大乘，不離大乘。

　　一開始修行就談《金剛經》、談《心經》，覺得自己是上上根，不用修現實中的戒定慧，就覺得五大戒等都無法束縛自己，那都是有相的，自以為是的認為：「我已經超越了，我修的是空，一切都是假相，一切因果都是假相，輪迴也全是假相。」

　　一千多年以來，禪宗的大興，在中土修佛的這條道上，對修行人來講未必是好事。當然罪不在禪宗，而是在攝取佛法的人本身。其實，禪宗講得特別清楚，六祖惠能一再講：「摩訶般若波羅蜜，最尊最上最第一。」這句話是對最上乘的人講述，是對上上根的人講的，受聽者並不是普通百姓，不是中乘、小乘的修行人。《壇經》裡說得清清楚楚，但是這一段話大家要麼看不見，要麼便是誤解。修佛的中土眾生覺得自己就是上上根的人、最上乘的人，都自以為自己應該修第一大智慧，一開始修就要修最上乘的。於是，全都不打基礎。

　　禪宗是針對極少部分的、最上根的修行人講的。諸如《壇經》、《金剛經》、《心經》一類都是如此。結果這一千三百多年來，這種《般若經》居然遍布中華大地，所有的修行人開始起修，全從這些開始

起修，這豈不成了玩笑？普通的大眾、普通老百姓都覺得自己了不得，這種虛妄之心、狂妄之心，這種就叫做「大妄想」。如果跟那些修行人講四聖諦、三法印、三十七道品，是沒有人願意聽的，這就是中土的弊端。

現今在講《維摩詰經》，維摩詰是境界很高的大乘菩薩，甚至都已經成佛了，有自己的佛果，妙喜佛國淨土都已經有了。但是，我們看維摩詰，不論對阿羅漢果的十大弟子，還是對四大菩薩講法的時候，其實句句不離小乘佛法的教義，然後又能使人昇華。這是在小乘教義的基礎上來昇華，有其階梯性。

釋迦牟尼佛講法從低到高
末法時代講法從高到低

這就是為什麼我在講《維摩詰經》前，先開始講的是《壇經》，後面再是《維摩詰經》。《維摩詰經》講完之後再講《阿含經》。

釋迦牟尼佛祖的順序正好倒過來了，先講《阿含經》。釋迦牟尼佛祖先講了十二年的《阿含經》，打好基礎以後，再講《方等諸經》，再講《維摩詰經》這一類經典。然後又打了八年的基礎，才講《般若諸

經》，又講了二十二年。

這是釋迦牟尼佛的順序，是從正序一步步往上講。但是，現今社會就不可能從《阿含經》開始講，因為眾生的根器已經不同了，時機也不一樣。現在如果從《阿含經》開始講，讓大家一點點從做人開始打基礎，在中土這片土地上沒有人願意聽，也不順應時代。因此，才會從大家都愛聽的《金剛經》、《壇經》等這些般若大智慧開始講，吸引住一批人，然後再講《維摩詰經》，再講什麼是小乘佛法、什麼是大乘佛法，般若是什麼階段等等。

如果大家把觀念掰過來、轉化過來了，真的理解了，而且認清了自己真實的境界，就會知道自己並不是上上根，可能連中根都不是，就只是一個普通的、初學佛的云云眾生之一而已。

當心態真正轉過來，此時再來聽《阿含經》，心才能真的靜下來，才真的能從基礎打起，從怎麼做人開始起修，然後一步一步地往上修。

但現今社會沒有辦法，只能逆著來，倒著順序來。這就是末法時期 (註)。眾生心太過浮躁、急功近

*註：按照佛經所言，末法時期是指社會混亂之際，而不是指世界走到了盡頭。換言之，末法時期是指人心不正、道德敗壞、世風日下、同性欲亂的時代。

利，太想一步登天了。鑑於此，別無辦法，只能順應大眾來講。

修世間法讀萬卷書

現在維摩詰正在對光嚴童子講述什麼是道場，其實就是在對修行人講：「所謂的道場就是你真正的修行處」。

「多聞是道場」，從這句話中，發現維摩詰所說的道場，句句都不離小乘教義所教的方法——我們從「何處」起修，「何處」就是道場。

何謂道場？前文講得很清楚，最基本的是先發四心，然後六度萬行，接著再修四無量心，這些都是道場。現在，接著告訴我們，多聞是道場，那要在哪裡多聞？多聞是什麼？天天背誦《般若經》就叫多聞嗎？這不叫「多聞」，這叫做「專聞」。「多聞」指的是世間的智，即世間的知識、世間的技能。真正通達佛法的上乘、中乘、下乘的人，不可能在世間什麼也不是、什麼都不懂，這是絕不可能的。

世間的知識、世間的一切是出世間的基礎。要想獲得出世間的智慧，就一定要從世間起修。所以常言道：「世事洞明皆學問，人情練達是文章。」也就是

說在世間做到以下三點：第一是讀書破萬卷；第二是行萬里路；第三是閱人無數。

把世間的學問學好了，達到一定的深度和境界，再來深究世間的智慧。這就叫做「多聞是道場，如無聞行故」。行和聞是相對應的，只是聞不行，只讀書、只知理還不行，在世間還得做事，這就是所謂知行合一，這是道場。

《維摩詰經》告訴我們，如何把握小乘教義和大乘教義。我們應該遵循小乘教義，打好基礎，一步一步修，而非想要一步就上升到大乘菩薩道，修行大乘教義。

第六節　大乘菩薩道從有為二乘法修起

先正觀，才能收妄想執著之心

其實，《維摩詰經》都在闡述一個問題，即《維摩詰經》的宗旨。簡單的一句話：「不捨小乘，不住大乘」。整個經文通篇所講述的內容全是這句話。

首先，「不捨小乘」，我們不能看不起小乘，這些三法印、三無漏學、四聖諦、三十七道品之類的所謂小乘，不能捨棄。

「不住大乘」，意思是我們不能覺得大乘教義的境界最高的，便一意執著於大乘，不要小乘，此舉不可取。

在這裡，小乘也叫「有為」，大乘即是「無為」。《道德經》裡所講的真正的大道是無為、無相、無形。怎麼能夠做到無為？怎麼能夠達到最高的境界，無為而無不為？還是得從有為來，正所謂「不捨有為，不住無為」。

無為不是能硬練出來的，不是捨棄了有為才達到的，不是斷了有為就是無為。反而，是把有為做到了極致，自然而然的就達到了無為。簡單地說，是有

為到極致，才談得到如何斷有為破執著，最終進入到無為。然而，現今修行人的狀況是，連什麼是有為都不知道，什麼有為都沒有，有為都沒拿起，就先放下了，然後說自己已經達到了無為，這不是一派胡言、誹謗佛法、誹謗道嗎？

維摩詰居士告訴我們，多聞是道場。多聞得做到極致，然後才能放下世間智，不執著於世間的多聞、強記、博學。放下這些，才能達到一個平衡，所以稱之為「道場」。

「無聞行故」，把所謂的聞和現實中的做事合總起來，叫做「知行合一」，這就是「道場」。

【伏心是道場，正觀諸法故。】降伏妄想、染汙之心，這是伏心。問題是要如何降伏呢？不是強硬地壓制，強制地斷除煩惱，迫於壓力下壓制各種妄想、妄念，控制自己的念頭，不生起所謂的念。

真正要做到伏心，是當做到了以正觀諸法本空的時候，自然而然地就能降伏其心。什麼叫做「以正觀」？離不開八正道、三十七道品，這都是正。三十七道品即是我們降服煩惱之起修的三十七個階段，三十七道品的根基基礎是四念住。

　　在行這方面，這就是正，要從四念住開始行。四念住要以身念住為基礎開始起修，能不能把飛馳的心、不斷產生妄想和執著的心，先收回到身體，這就是以正來降服妄心，然後以此來樹立正知見，那就是放下分別，用正知見來破邪知見。邪就是偏見，邪見偏見不都是偏執嗎？

　　以此修行，這是道場。所以，伏心是道場，以正來觀諸法皆空，以此而降伏其心，我時時處處以此為道場修行。

有為法修到極致，便修出清淨心

　　【三十七品是道場，舍有為法故。】為什麼要修三十七道品呢？目的是捨離世間有為的染汙法，成就出世間無為法的清淨。修三十七道品本身就是道場，但在之前，我們得弄清楚：三十七道品本身是有為還是無為？

　　三十七道品本身是有為法，講究四念住、四正勤、四神通、五根、五力、七覺知、八正道，處處皆是有為法。

　　有為法的修行到極致，即可修出清淨心。千萬不要小瞧三十七道品，不要因為其是有為法著相而不

修。修行叫做「於相離相」，也就是說在著相的過程中，我知道我在著相，但是為了得到「不著相」，還得從著相上起修。雖然知道自己是在修小乘佛法的教義、小乘佛法，但也清楚知道自己是為了得到大乘的無為法、證得法性本空，必須得從有為法的小乘教義起修。把小乘修好了、修圓了，自己才有可能達到最高的境界。

因此，我們不可以捨小乘，只求大乘。

尤其是一千多年來，中土的學佛眾生最大的弊端就是舍小乘直入大乘。所以在中土，六祖惠能之後就沒有什麼大德出現了，大家都空談禪、空談佛性，都在於空說空，沒有人踏踏實實、腳踏實地的去起修。甚至多少修佛的人，根本就沒聽說過三法印、四聖諦、三無漏學、三十七道品，這是非常可悲的。

【四諦是道場，不誑世間故。】四諦即是苦、集、滅、道。我要深徹地領悟，集是苦因，苦是集之果；道是滅因，滅是道之果。知道其關係，就能「知苦斷集」，如何把苦的因斷掉；就能「慕滅修道」，慕是羨慕，滅即是涅槃，因慕滅而修道，即是為了想得到常樂我淨，即是涅槃的恒樂佛果，因此而修道。所

以，這才是世間之真理。

「四諦是道場」的意思就是，真的要想修大乘菩薩道，得最終正等正覺之佛果，一定不能離開對四諦的深透研究，尤其三十七道品、四諦等都是最根本的佛法基礎，是不可以離開的。如果離開了這些基礎，又說自己是修佛法的人、佛教徒、修行人，這樣是不可以的。

要知道，在修三十七道品、修四聖諦，本身就是在修大乘菩薩道，就在走向正等正覺的道路上。

十二因緣緣起法，世界萬物循環往復

【**緣起是道場，無明乃至老死皆無盡故。**】佛講十二因緣、十二緣起，「緣」即條件，「起」意為生起。佛法認為一切有為的法，一切有形有相的萬有，都是因一定的條件而起變化和散滅。我們真正通達、真的懂了緣起法，又能把緣起法應用在世間對人事物的觀察上，這本身就是修行的道場。

「無明乃至老死皆無盡故。」何謂無明？十二因緣由無明而起，由老死而終。十二因緣無明起，稱之為無明緣行，即由無明而生行，行緣識，識緣名色，名色緣六入，六入緣觸，觸緣受，受緣愛，愛緣取，

取緣有，有緣生，生緣老死，即是十二因緣無明起。

　　無盡，即是循環往復。十二因緣從無明起，到老死終，其實沒終，這就像一個圓，從無明開始起，到老死終，其實又回到無明，如此不斷地迴圈。世間的萬物也是如此，因緣和合在這裡面不斷起變化，就不斷地生。只要有十二因緣在，世間萬物就這樣循環往復、無窮無盡。我們在瞭解十二因緣的緣起法過程中，我們就是在修行，這就是道場。

　　如果離開了十二因緣來求解脫，如同其捨冰而求水。冰是因為因緣聚幻，幻相不識。說到冰，冰是水嗎？其實冰不是水。然而我要的是水，但是水可以由冰而來，冰融化了就是水。所以，十二因緣是道場。

　　不要以為十二因緣是有為法，同時總以為佛講無為、萬事無生無滅，對此感到疑惑，既然無生無滅，怎麼還能去修十二因緣這種有為法呢？

　　在這裡就講到，為什麼修有為法。無為法是從有為法當中來的，就像冰和水的關係。所以，修行的過程中一定要做到不捨小乘教義，從小乘佛法修起，但是，最終目標是大乘佛法，這一點要特別注意。

【諸煩惱是道場，知如實故。】煩惱怎麼還能是道場呢？從小乘佛法的角度來講，我們修的叫做「斷煩惱」，斷煩惱而得清淨。但是，如何能夠真正得到清淨呢？是在斷煩惱的過程中，才能得到清淨。這看著好像是有因果關係，但是從大乘佛法來講，並非如此。煩惱本身即是清淨，而不是斷的關係。

與煩惱同在，極樂世界就在五濁惡世中

但是，怎麼能修到這個境界呢？《壇經》云：淨心在妄中，煩惱即菩提，指的就是修行狀態。但是，首先還是得從斷煩惱起修，之後才能感悟到什麼叫做煩惱即菩提。為什麼？因為在斷煩惱的修行過程中會發現愈是要阻斷煩惱，愈不讓煩惱生起，煩惱就來得愈是猛烈。這就是所謂「抽刀斷水，水更流」。

因為，在斷煩惱的修行過程中發現煩惱其實斷不了，而且原來煩惱本身就是清淨。不斷地斷煩惱不斷地產生體悟，最後進入心如如不為所動的狀態時，與煩惱同在，就能找到清淨至無餘的感覺。

那麼，怎麼看待煩惱？如同佛經裡的有經典《中論》中，有一品為「觀涅槃品」，其中有一句話：「涅槃與世間，無有少分別。世間與涅槃，亦無有少分

別」。意思是世人都在找涅槃，而《中論》的「觀涅槃品」明明白白地告訴我們什麼是涅槃？在哪兒有涅槃呢？在世間，離開世間到哪兒去求涅槃呢？

世間是五濁惡世，紅塵滾滾都是煩惱，每行一處、每識一人皆生煩惱，所以想要修行時，自然想要離世，厭離這個世間。問題來了，要去哪裡才能找到出三界達到涅槃的境界。涅槃在哪裡？經典裡面直接給了答案，涅槃就在世間。不要以為極樂世界是在遙遠的宇宙中，某一個星球或星系，有一片極樂淨土。

真正的極樂世界就在五濁惡世中，就在你我的身邊，當下即是，就是看你的心。你的心中如果都是煩惱不斷，認煩惱為真，當下即落入五濁惡世當中；如果在修行過程中能於煩惱處觀照空性，立即身在蓮花淨土。

空性怎麼觀呢？淨土怎麼來呢？轉念即變化。一轉念，一覺即佛，一迷即眾生，一切都不在外境。，這就是所謂「諸煩惱是道場，知如實故」。看破煩惱，而不是斷煩惱。看破煩惱原來就是空性，即是菩提，也就是道場。

第七節 紅塵眾生所在便是修行道場

無我，才能探究佛法真正的真義、真諦

【眾生是道場，知無我故。】「眾生是道場」，是因為眾生有差別相，所以沒有獨立實在的主體。意思即是，眾生即非眾生，是名眾生。當我看透這一點，我就不會再自以為是了，就不會把自己當成個性化獨立存在的個體了。在這個過程中，修的就是無我，但是無我怎麼來的呢？得先從有我而來。

有我即與眾生有差別相，然後不斷地去體悟，真的有差別嗎？後面我們就發現實無差別可言。眾生即我，我即眾生，眾生其實非眾生，僅僅是眾生相而已。眾生即組成了紅塵，紅塵由眾生聚合而來。不離紅塵，來體悟眾生的差別相，如此來悟無我法，這樣才真正能破我執，而不是遠離眾生人群，躲到山洞打坐，那樣的修行是破不了的。

原因就在於，愈是避入山洞打坐，愈是把眾生當有，打從心底害怕自己被眾生影響，所以才起心動念遠離所以把自己當成有，當自己與其他的凡夫俗子是不同的，自己是修行人。

那麼為什麼打坐？打坐修的是一顆清淨心。要得禪定，但是得禪定不是從打坐中來，不是從身體上來。真正要修，我們就是要在眾生當中不斷地去觀察體悟，於其中再悟無我法，以此破我執。

　　當眾生在我眼中沒有差別相的時候，就知道原來眾生皆是我，皆是我人格的化現。無數眾生在我眼中各有差別，即是有無數個我的人格在化現。哪裡有一個我？我在哪裡？我在眾生中，眾生即我。所以，我們要修，要知道眾生是道場是什麼意思。眾生所在之處就是我修行的道場，亦即紅塵就是我修行的道場。

　　【一切法是道場，知諸法空故。】因為一切有為法，如夢幻泡影，可見任何一個法都是空義，所以這就是道場。怎麼觀察人事物，到底是不是實有的？在觀察的過程中就會發現、就會認清所有的現象界，亦即是三界一切現象，其存在皆有緣起，就是以四聖諦、十二因緣來觀察，發現一切法皆是有為，皆是四相和合而成，都是有緣起。

　　有緣起其實當下即空，就不是真實的存在。所以在這個過程中，來領悟「一切法皆是道場」。觀察時得有一個觀察；換句話說應該如何觀察，從哪個角度去觀察，這是佛法真正的真義、真諦。

儒家講格物，但是格物要如何進行？這在儒學中，至聖先師並沒有講得很清楚，只是告訴我們要格物。事實上，格物即是究其理，在佛法有比較詳細講述，包括我們怎麼研究這個道理，探究出最本質的原理，即是諦、真諦。

但怎麼探究，從哪個角度探究，往哪個方向探究？佛法講得就比較細，有的放矢，就能夠做到「究其理」這件事。修行佛法，在這一方面，對我們的修行、對我們心靈的圓滿，有非常大的指導作用。

【降魔是道場，不傾動故。】魔，即是罪大惡極、特別偏執的是魔，是我們修行路上的大障礙。但是，真正的魔如果從佛法上來講是什麼？魔是什麼變的？是不是從小混混，後來變成黑社會老大，再往後十惡不赦、無法無天的魔了。正義都控制不了他，天天殺人越貨、欺男霸女，這就是魔嗎？錯了，事實並不是這樣的。

魔是菩薩轉化，是修行過程中必有的磨

佛法中所指的魔，尤其是大魔王，都是十地菩薩轉化而來，比如魔王波旬，是十地菩薩，功力小了可

做不成魔。從魔字結構來看，下面是一個鬼，但是魔字在古時候是「磨」，下面是一塊石的。石磨的用途是做什麼呢？用來研磨，即是指磨難，挫折，就是指修行是來磨我們的。每個境界修行都有魔存在，而且必須得有魔，沒有魔，我們修不成。

就像學武功，必須得有對手，只有對手愈強，在戰勝對手時，自己才會愈強。但是，對戰的過程是極其痛苦，對手會想盡辦法來障礙我，而我再去破除障礙，過程中備感受挫、特別不幸，甚至特別地艱難，這些都是磨難。但是當我們破除了障礙，向上升級，上升一級後又有更大的磨難橫阻於前，又有更大的人來磨我們。

所以，這些魔都是菩薩轉化的。也就意味著，我們在修行路上，必須得是在破除磨難的過程中，才能有所昇華。太順了不行，一點磨難都沒有，我們就會停留在原地，不知道往哪個方向去，這時我們就沒有參照物了。在佛法裡面，真正的大乘佛法中就稱為「佛魔一如，佛魔共體」。

魔王「波旬」是誰？那是天界之大魔王。眾生在求佛之路上，其實處處都有可能著魔。比如有的人就知道終日念經念佛，天天只是精進地念經念佛，就覺

得自己能夠成佛，其實這就是一種眾生之顛倒，修的不是佛果、不是清淨，而是魔業。

在這個過程中，如果顛倒心一歇下來與空性相應，就知道什麼才是真正的道場？即不動是道場，愈求愈著魔。所以，你得把這個求、這顆向佛、向道之心放下，這叫做「不傾動」。愈執著，反而就愈著魔。「傾」即偏執，「動」即是不斷地亂動。

我們打坐、吃齋、念佛，是在幹什麼？都是在求當佛。而這個過程本身就是著魔的過程。要知道魔不在外面，得降服自己這顆心，因此稱為「心魔」。傾心就是偏執之心；動心，即天天都說自己精進，實際上卻在精進地念佛、打坐、持戒，這本身就是著魔之路。所以才說「降魔是道場」，降住心魔，一切自然就安在了。

或許，有人提問題：「老師，那我是不是現在什麼都不要去做了，那就叫做不動？」錯了，那可不是。「阿耨多羅三藐三菩提心」必須得有！而且得一往無前地、堅忍不拔地往前衝，至於能不能成還未定。但是如果現在一聽到這一段後就直接放下，什麼都不修，那就永無出期。

從有形處起修，又不能住於有形

　　因此，我們怎麼來看這件事情？所謂的小乘皆是有形，有形有相沒錯。我們甚至不是有的時候要從有形修起，而是一定要從有形修起。但是要看透有形，從有形上修，還不能住在有形上，不能認為念佛念咒、打坐吃齋、持戒本身就是修行的本體，同時還得知道我們離不開它。

　　降魔是什麼意思？不是說這些都不讓你做了，而是不能過了，不能認為這就是唯一。有的人就覺得持戒苦行就能成佛，於是就一味地持戒苦行，這樣就生魔了。魔是執著、偏執，要破掉這個。

　　動，又是什麼呢？就是一味地認為，我這樣苦行下去，最後就能得到清淨，這叫做傾動。不是這個行為本身有問題，而是偏執於、執著於這種行為，就是魔，就是顛倒。我們要把這個魔降服，我又在這些有為的行為中，但是我又超越了、昇華了、心清淨了、不住於行。要理解的是，在整個修行過程中，「降魔是道場，不傾動故」。破的是那種執著心、亂動、一味地動。

【三界是道場，無所趣故。】三界即為欲界、色界、無色界。三界如幻，這是本質。本來就不來不去，得在三界內而破三界。然而，怎麼能破？你到底去哪裡？如果三界本來就是空的，就沒有所謂的來，那你是怎麼來的？怎麼還能有去呢？什麼叫做超三界？我們現在好像在三界內修，都覺得我們是在三界內修，要先破欲界，到色界，再到無色界，破了無色界我就出了三界了。成就了菩薩境界，或者到達佛果，意即到了涅槃的大境界，圓滿了。

於三界又不受三界束縛

這樣就是把三界當成了實有，這個想法本身便存在問題，愈這樣想出離三界，愈出不了。為什麼？因為三界本空，你往哪裡去？「無所去故」，去即歸屬，即無處可以歸屬。

真正地修佛，知道哪有一個三界可破呢？哪有一個三界可離呢？破了三界以後去哪裡呢？有地方可去嗎？要知道不要執著於這個理，在三界內去修破三界、超脫於三界，僅是一種權變的說辭而已，是一種比擬化的說法。哪有一個三界可破？

但修行到最後就會知道：沒有一個什麼地方可

以去的。於三界而離三界，離三界只是權宜的說法。真實的狀態是什麼樣呢？我在三界內，但是我又不受三界所束縛。不斷在修的過程中，其實這就是道場。這就像佛是不是眾生？佛是不是有益於眾生呢？他是不是跟眾生就是不同呢？如果說佛和眾生不同、有差異，那就是不如法，就是謗佛。

佛即眾生。佛在眾生當中，是看不出來他是佛的，但是他又與眾生不同，不同在哪兒？就是於眾生而離眾生，但他就是眾生的一部分，並沒有離開眾生。如果是一尊放著金光、神通無敵的大佛，一下飄到空中，那還是眾生嗎？那就不是真正的佛了。佛是開了悟的眾生，所以才說我們修行的時候，這就是道場，就從這裡開始修行吧！

【師子吼是道場，無所畏故。】何謂「師子吼」？這裡指的並非聲音大，而是那種穿透力特別強，任何的空間都能穿透的，叫做「師子吼」。心障礙再重，所知再重，輕輕地說一句話，都能震碎。意思就是，真正修行佛法達到了大乘、小乘自如的狀態，就能透視事物的真相，又以無所畏之心，無所顧忌地、無所畏懼地向眾生如實道來，以此而點化眾生。

　　就像大獅王怒吼，有力量能夠破一切天魔外道以及一切邪說，讓它們都煙消雲散，這個修行過程，便叫做「師子吼」。你敢把真相說出來嗎？你能直接告訴眾生所修的就是外道、就是不究竟、那是邪說，你有那勇氣嗎？你有那勇氣，你有那力量嗎？這不僅僅是吼，不僅僅是聲音大，還得是獅子的巨吼，有力量能鎮服得住一切的邪說外道。這個是道場。

　　在這裡說的一切所謂的道場，其實都是修的有為法，而在有為法中無為，行的皆是小乘，大乘在哪兒？大乘本身無形無相，就體現在小乘當中。不捨小乘，不住大乘，這是我們要修方等諸經的時候，要注意的問題。所以，不要捨棄這些有相、有形，有為地修，不要看不起這些小乘教法，也不要天天執著於我是無為、我是大乘。這些問題我們要掌握好，這都是道場，都是我們的起修處。

　　【力、無畏、不共法是道場，無諸過故。】力是十力，無畏即四無畏，不共法為十八不共法。我們不斷的在修，十力、四無畏、十八不共法，這些都是佛果所有之法，是佛才具備的。我們在不斷地修，或者認

知，或者探究的過程中，遠離九法界眾生的過失與不及，不會走邪，不會犯錯，不會走錯路，這就是我們要修的方向。

【三明是道場，無餘礙故。】三明也叫「三通」。三通即是五眼六通當中的天眼通、宿命通、漏盡通，又稱為天眼明、宿命明、漏盡明。真正達到了漏盡明，就達到了佛果。三明即是指對事物通達無礙，如果通達了這三通，就對萬事萬物皆了了分明，那就是「無餘礙故」，通達無礙，沒有任何的障礙，在修成佛果的路上就沒有任何障礙。

【一念知一切法是道場，成就一切智故。】一念知一切法是道場，是我們怎麼理解呢？在一念之間，我們就能知道真俗二諦圓融無礙，不著於相，不執於有，亦不住於無相與空，就能在空有之間尋那中道，而中道亦非中道，這才是「一」的狀態。這種狀態就能如實知一切法，成就一切智，得大自在。一一念不是二念，不是三念，一切歸一，真俗二諦圓融無礙，中道亦非道，這才能歸一。

小乘是地大乘是天，登天需腳踩大地

【**如是善男子，菩薩若應諸波羅蜜，教化眾生，諸有所作，舉足下足，當知皆從道場來，住於佛法矣！**】

維摩詰居士所講的道場，基本上涵蓋了小乘教義的一切教法，所以我們要清楚，不要捨棄小乘教義而直入大乘，那是不可能的。

小乘是地，是廣袤的大地，是生我們、養我們的，是我們的根基。

大乘是天，我們怎麼能夠登上天？我們還是需要在大地上團土，然後造塔，愈來愈接近天，才能一點點登上天。離開了大地，離開土，離開了塔，我們永遠都登不上天，這就是小乘和大乘。

真正的佛法從哪裡修？大乘的菩薩道到底從哪裡行？告訴我們「如是善男子」，如果能夠從這些方面去觀察修行，菩薩則能和六度相應教化眾生，即諸波羅蜜，從這兒開始起修，先從六度相應去教化眾生。如此可見，真正的大乘菩薩怎樣去教化眾生、啟蒙眾生走入佛法、走入佛道呢？就要從六度、十善開始教化眾生。

因此「諸有所作」，如是則凡有所造作，就像

抬腿走路一樣，可以做到左右逢源。而「舉足下足，當知皆從道場中來」，所以你就是道場，隨時的言談舉止，說的任何一句話，其實都是不離佛法的真諦。一切法皆是佛法，這就是修來的。怎麼修才能修得來呢？也就是從上述所謂的小乘教義當中，從修有為法當中，再與空相相應相契，在這個狀態中，言行舉止都安住於佛法之中。

至於哪裡有所謂的「從哪個道場來？」又或是哪裡才是所謂的道場呢？有一句話最能夠描述這一段維摩詰居士的提點，即是「佛殿何必深山求，處處觀音處處有」。用這段話描述何為道場，真正的道場「心在哪裡，道場即在哪裡」。這才是真正行大乘菩薩的真居士。

這就是維摩詰居士打破了光嚴童子向外去求道場、去找清淨修行之地的念頭，幫助他昇華，破了道場的相。

【說是法時，五百天人，皆發阿耨多羅三藐三菩提心，故我不任詣彼問疾。】 因此，原本是光嚴童子在對天人和眷屬說法，但這五百天人聽了維摩詰居士說法的時候，都發出了阿耨多羅三藐三菩提心，發出了嚮

往大乘菩薩佛道、修大乘菩薩行、成就佛果、破除小乘的心。所以，光嚴童子才會回答說：「我沒有能力到他那裡，代表佛祖去問候他的疾病。」意思是光嚴童子聽了維摩詰的話，發現他還在從小乘到大乘的昇華修行過程中，但還沒昇華到位呢！因此他也被稱為「權變菩薩」。

第三章

第四品菩薩品（三）

闡釋持世菩薩著魔的真相

居於靜世的持世菩薩為什麼著魔呢？

其實，魔時時刻刻都在，

一旦心生「貢高我慢」，有所執著妄求，

修行便易走火入魔，

真正涅槃的狀態，是佛魔一體。

第一節　真正涅槃狀態為佛魔一體

　　佛告持世菩薩：「汝行詣維摩詰問疾。」持世白佛言：「世尊！我不堪任詣彼問疾。所以者何？憶念我昔，住於靜室，時魔波旬，從萬二千天女，狀如帝釋，鼓樂絃歌，來詣我所。與其眷屬，稽首我足，合掌恭敬，於一面立。我意謂是帝釋，而語之言：『善來憍尸迦！雖福應有，不當自恣。當觀五欲無常，以求善本，於身命財而修堅法。』即語我言：『正士！受是萬二千天女，可備掃灑。』我言：『憍尸迦！無以此非法之物要我沙門釋子，此非我宜。』所言未訖，時維摩詰來謂我言：『非帝釋也，是為魔來嬈固汝耳！』即語魔言：『是諸女等，可以與我，如我應受。』魔即驚懼，念維摩詰：『將無惱我？』欲隱形去，而不能隱；盡其神力，亦不得去。即聞空中聲曰：『波旬以女與之，乃可得去。』魔以畏故，俛仰而與。爾時，維摩詰語諸女言：『魔以汝等與我，今汝皆當發阿耨多羅三藐三菩提心。』即隨所應而為說法，令發道意。復言：『汝等已發道意，有法樂可以自娛，

不應復樂五欲樂也。』天女即問：『何謂法樂？』答言：『樂常信佛，樂欲聽法，樂供養眾，樂離五欲；樂觀五陰如怨賊，樂觀四大如毒蛇，樂觀內入如空聚；樂隨護道意，樂饒益眾生，樂敬養師；樂廣行施，樂堅持戒，樂忍辱柔和，樂勤集善根，樂禪定不亂，樂離垢明慧；樂廣菩提心，樂降伏眾魔，樂斷諸煩惱，樂淨佛國土，樂成就相好故，修諸功德，樂莊嚴道場；樂聞深法不畏；樂三脫門，不樂非時；樂近同學，樂於非同學中，心無恚礙；樂將護惡知識，樂親近善知識；樂心喜清淨，樂修無量道品之法，是為菩薩法樂。』於是波旬告諸女言：『我欲與汝俱還天宮。』諸女言：『以我等與此居士，有法樂，我等甚樂，不復樂五欲樂也。』魔言：『居士可舍此女？一切所有施於彼者，是為菩薩。』維摩詰言：『我已舍矣！汝便將去，令一切眾生得法願具足。』於是諸女問維摩詰：『我等云何，止於魔宮？』維摩詰言：『諸姊！有法門名無盡燈，汝等當學。無盡燈者，譬如一燈，然百千燈，冥者皆明，明終不盡。如是諸姊！夫一菩薩開導百千眾生，令發阿耨多羅三藐三菩提心，於其道

意亦不滅盡，隨所說法，而自增益一切善法，是名無盡燈也。汝等雖住魔宮，以是無盡燈，令無數天子天女，發阿耨多羅三藐三菩提心者，為報佛恩，亦大饒益一切眾生。』爾時，天女頭面禮維摩詰足，隨魔還宮，忽然不現。世尊！維摩詰有如是自在神力，智慧辯才，故我不任詣彼問疾。」

為持世菩薩破除遠離惡緣之心魔

【佛告持世菩薩：「汝行詣維摩詰問疾。」】這時候釋迦牟尼佛又對持世菩薩說：「你代表我去維摩詰居士處問候他的身體。」

持世菩薩，「持」意為執持，「世」即世間，執持世間，意思是這位菩薩就是在世間修行，能夠做到在世間三世不生惡業。所謂三世，代表著多世，能夠持三世善業不失。

持世菩薩在世間修行，也是以出家身修行，即出家菩薩。他怎麼能夠做到三世善不失、惡業不生呢？他用的方法是什麼呢？不居鬧市，遠離紅塵，與世隔絕，跟人沒有牽扯，找個清淨的地方，自己離群獨居，在山林當中安坐，這就是持世菩薩的修行方法。因為他執著於在世間尋找清淨之地，遠離紅塵鬧市，

遠離諸惡緣，所以他後面才會著了魔。

　　這一段是在講這位持世菩薩是怎麼著魔的，維摩詰對他的講述指導。其實就是讓他破這個相，從小乘求外相的清淨走向大乘，也就是內心的清淨。

　　【持世白佛言：「世尊！我不堪任詣彼問疾。所以者何？憶念我昔，住於靜室。】 結果持世菩薩回答：「世尊，我也不夠資格，勝任不了去問候維摩詰！」「所以者何？」即為什麼呢？「憶念我昔」，即我想到以前。「住於靜室」意思是持世菩薩尋找安靜的地方，在山林的靜室中打坐修禪，修的就是室靜心靜，也就是所謂的四禪八定，萬念放下，身心輕安，禪樂之定，誰也別打擾我。

一半佛一半魔達到平衡，才是涅槃

　　【時魔波旬，從萬二千天女，狀如帝釋，鼓樂絃歌，來詣我所。】 梵文「魔」如果翻譯成漢語，即是殺者、殺人者、奪命者，也是大障礙的意思。殺，不是指殺我們的肉身。魔，不是現實中的小流氓或黑社會，那叫做「惡人」。魔殺的不是人身，魔殺的是慧命，奪的是慧命，在修行當中會給我們大的障礙。魔

究竟有多厲害？佛和魔，有佛，就有魔；佛有多高，魔就多高；即使佛成佛了，但還是有魔存在。

比如說，西方有上帝，上帝是萬能的，一切都是上帝造的，但是還有跟他對立的魔，破壞想修行、想信上帝的人，障礙他們。俗話說：「道高一尺，魔高一丈」。魔在修行的過程中，時時都會存在。就像太極，太極就是一個整體，成佛的狀態就是平衡的狀態。平衡的狀態可不代表是純白，不是全白沒有任何一點黑。真正的平衡、真正涅槃的狀態，是一半黑半白，黑和白是平衡的。一半佛一半魔，這時候才是真正的平衡狀態，才真正能入了寂滅，那才是涅槃。少了黑，只餘剩下白，那不是佛的狀態，那是極度的偏執。

所以，真正成佛了，不是把魔盡數消除，而是平衡了。

平衡即是接納了，包容了，與魔融為一體，我既是佛，同時也是魔。我的這一面是佛，另一面是魔，這就是太極的狀態。所以，真正的修行人是把佛和魔看透了，領悟透徹，修行基本上就入門了。

其實我們修行，從發「阿耨多羅三藐三菩提心」開始，然後走上三無漏學、六度、四聖諦這一條路，

一直到成佛的過程中都是有魔相伴，只是我們如何看待魔？對於凡夫來講，只有肉眼，天眼未開，慧眼未通達，更別提法眼了，這個時候看到的魔就是障礙、衝突、殺戮。因為有魔在，所以命運坎坷，諸多的不幸，這就是魔在凡夫眼中是魔。如果愈修境界愈高，就發現眼中看到的那個魔就不是魔了，等到後面就發現，原來他即是我，我即是他，他就是我的一部分，這個時候就成了。

而持世菩薩住於靜室，不與世俗紅塵有所牽連，不糾纏。但是不去糾纏，遠離紅塵鬧市，魔就不來找你嗎？魔是怎麼來的？

於是「時魔波旬，從萬二千天女」，一萬兩千天之女眾，也就是天人，如七仙女之類的，「來詣我所」就是來了。來了，不是指直接就出現在他面前了，好像是有物質一樣。因為持世菩薩住於靜室，正在禪定之中、輕安快樂的禪樂之中，這個時候魔來了，是從哪裡來的？是在他的「定」中來的，其實意思就是魔王波旬帶著他的一萬兩千天女來到了持世菩薩的「定」中。

莫以為人身處山洞裡，便能遠離煩惱、遠離障礙。以為離開人群，離開眾生，就好像清淨了，事實

並非如此。清淨與否和外境是沒有關係的，即使創造了特別清淨的外部環境，但是內心一直在動著，時時刻刻都心生妄念，有執著，心是沒變的。當心沒變的時候，外境再安靜，內心都安靜不下來。內心一動，在定中就會出現幻相，出現幻相和在外面接觸客觀的現實世界是一回事，沒有分毫差異。

魔王慈悲相　菩薩呈凶惡相

　　魔後來帶著一萬兩千天女來了，是以什麼形相來的呢？即「狀如帝釋」。魔都有神通，魔的神通跟佛差不多，具備五通，包含天眼通、天耳通、神足通、宿命通、他心通，只是比佛差一個漏盡通，也是很厲害的。魔可以化身無數，幻身無數，變化成任何形相。只要人心裡有所想，有所圖，有所求，或者有所怕，魔就會變成什麼。

　　這一次，魔到了持世菩薩的定中，幻化成的不直接是魔的本相或者那種兇神惡煞相。在世間真正的魔也不會以兇惡相示人的，一下就把人嚇走了，誰還敢接近。愈是大魔王，在世間呈現出來的愈是慈悲相，只有這樣才能迷惑人，眾生才會接近、親近魔，才不會遠離，魔才能真正達到自己的目的。

反而是經常呈現出憤怒相、凶相、惡相的，基本上都是菩薩。為了敲打人心，為了啟發人心，菩薩反而有時候現出這種凶相、惡相。魔一般都是時時現出慈悲相。

　　「帝釋天」就是所謂的玉皇大帝。帝釋天是忉利天，即三十三天的中心。帝釋天的天主帶著一萬兩千天女，鼓樂弦歌的來了。「來詣我所」，相當於是玉皇大帝帶著天上的宮女來拜見我。

　　持世菩薩在描述這一段的時候，還是有我慢之心。「慢」為傲慢的意思。能使自己以「假我」為中心，將自己的一切看得比別人強。意思是說，看我修靜功、修禪定已經修到了這種境界，至少已經超過欲界三十三天，我修行功夫高，所以帝釋天玉皇大帝才會帶著一萬兩千天女來拜見我，來向我請教，非常尊重我。

　　其實，持世菩薩看不出來帝釋天玉皇大帝是魔變的，不是真的。在定中出現了幻相，為什麼呢？追根究柢還是心不清淨。人在定中，心境是定不下來的，因為我們只是把身體定下來了，心卻沒有定下來，必會產生妄想，一旦妄想一生，再有取捨，取捨之心放不下就會有執著。

簡言之，我們如果在修四禪八定的過程中，心清淨不下來，那麼很容易著魔。我們看不透，放不下，就嚴重地著魔，那就是所謂走火入魔。到那種狀態的時候，其實非常危險的，很可能連生命都沒了。

　　持世菩薩為什麼會引來魔？持世菩薩對世間所謂的喧囂非常地厭離，太貪著寂靜，害怕、不想和人有任何牽扯糾纏，不敢起心動念造任何惡業，但是惡念不息，妄想沒有斷，讓魔才會有機可趁。魔順著持世菩薩的妄想就過來了，來擾亂持世菩薩修行的心。用什麼方式擾亂？不是來打擊他、攻擊恐嚇他，而是以一種恭維的狀態，讚歎他的修行狀態來的。

　　由此可見，在世間修行，要想著魔太容易了。心一有所漏，一有所妄想和執著，魔就來了。魔時時刻刻都在，我的心一有「貢高我慢」，即覺得自己貢獻比別人高，心一有所求，心一旦一有嚮往，魔馬上就來了。

　　持世菩薩放不下名：「你看我修行多厲害！你看我的修行境界，連帝釋天都帶著宮女來讚歎我、恭敬我。」這一下，妄想一來，心一動，魔就來了。

順境之魔才是最厲害的魔

【**與其眷屬，稽首我足，合掌恭敬於一面立。**】這是在恭敬持世菩薩。一般來說，我是修行人，在世俗當中來修行，要面對的是什麼？命運的磨難，這都是對修行的考驗。一般來說，人逢逆境，比較能夠奮起精進心，來對峙命運的磨難，此時能堅定修行的心是比較容易的。

修行最大的障礙反而不是在逆境的時候。修行中所面對的障礙反而是處於順境。當一切皆順心如意時，其實才是真正的磨難，真正的魔也是這時候才來的。現實中事事皆順遂，一順了人意就起「貢高我慢」之心，就放鬆、鬆懈了。喜歡被恭維，被讚歎和認同，是人之常情，一旦有人恭維我、讚歎我、認同我的時候，人的心裡很容易膨脹自滿。要注意的是，這個時候就是順境的時候，是最容易著魔的。而這就稱為「順境之魔」，是最厲害的魔。

持世菩薩就是在這種狀態下，在體會著他的清淨和禪樂的時候，魔就來了。不經意間就著魔了，破減他的道行。

看到帝釋天帶著天女來恭敬他，持世菩薩就有點

忘乎所以了，心生：「你看我比你們高，你們到我這來請教，我就好好給你們說說佛法吧！」

第二節 放下虛相，才能追求真的身命財

棄下假相，追求真我、真命、真彩財

【我意謂是帝釋，而語之言：『善來憍屍迦！雖福應有，不當自恣。當觀五欲無常，以求善本，於身命財而修堅法。』】持世菩薩以為來的是真的玉皇大帝，所以點化帝釋天。憍屍迦就是帝釋天的姓氏。「來憍屍迦」的意思是：憍屍迦，你聽我開示。持世菩薩教導道：「憍屍迦，雖然你現在享大的福報，但是你也不應放縱自己，這就是恣意妄為。」「不當自恣」，即恣意妄為；「當觀五欲無常」，你應該時時觀照五欲無常速朽之法。

為什麼是無常？因為是假相，是幻化，當然是無常。所謂色、聲、香、味、觸，這五境哪有什麼真樂？根本沒有常樂，結果人就迷在這其中了。

而帝釋天，就是天人，就是福報大，天人沒有痛苦，沒有煩惱，天天就在享受著。天人享受的是福報，過程中享受本身是指身體的享受，這種享受其實是沒有盡頭的，是無底洞。為什麼是沒有盡頭？因為在欲樂方面，我們愈享受、愈追求，陷得越深、愈無

法自拔。

　　就像所謂的欲樂，財、色、名、食、睡，對這五欲的追求，是沒有盡頭的。到底一個人的錢財要有多少才叫多呢？其實，任何人會覺得多少都不覺得多。對於色，要多少才是多呢？我有一個美女、有一個帥哥就足夠了嗎？其實，從欲樂上講，即使坐擁天下美女、天下帥哥，那也是不夠。又或者，整個宇宙全都是我的也是不夠，這就是欲樂。名也是，所謂的虛名、威名，或者大家對你的恭敬等等，這種敬仰當然愈多愈好，也是沒有盡頭的。食，吃不也是一樣，我們吃東西，發現其實吃得口味愈來愈重，我們先吃微辣，後面中辣，再往後就是重辣也不夠了。就這麼回事。同理，睡眠也如此。

　　如果因為個人有福報，個人的財、色、名、食、睡，想要多少有多少，在這個時候就要注意，不可以任意妄為。妄自追求享樂了，財、色、名、食、睡會將人拖入地獄。

　　持世菩薩告訴這些天人、天女，不要因為福報現前，就肆意妄為，無所顧忌地耗散福報，應該「觀五欲無常，以求善本」。

　　在此要知道何謂本體，亦即是歸宿，真正妥善完

美的歸宿。因為，雖然是天人，天人看著壽命很長，但是他總有成住敗空的時候，到了那時，天人的福報一旦享盡了，肉身就四大分解，開始有苦了。先是四大分解之苦，各種恐懼，然後隨著惡業現前的時候，福報就沒了，隨之墮入三惡途，到那時候就是受不盡的苦了。所以我們不要看短暫的、在天享受的福報，而是看真正最終的歸宿，應該做到「于身命財而修堅法」的地步。

在這裡的「身命財」就是指我的身體、我的命運、我的財寶，而真正的修行方法就是要放下對這些東西的執著，去追求真正的、堅固的身命財。意思就是讓我們放下假的身體、假的命運、假的財，這些都是「外相」，唯有放下這些虛相的東西，才能追求真的我，真的命，真的財。

解脫，才是不入輪迴最好的身命財

那什麼是真的身命財？

第一個就叫「解脫」，才是不入輪迴的、最好的身命財。真正的真身、真正的財是能無失、能無漏、能圓滿、能具足的財，其實就是所謂「法身慧命功

德財」。當我們追求真正的身命財——求真身即是法身，命是慧命，財是功德財——這些才會常伴我身，永不漏失。內捨身心性命，外捨妻子、兒女、財產，修出世的法身慧命。而這裡所謂的「捨」，不代表著無，不代表空、沒有。

維摩詰居士就做到了這一點，就做到了我身為人時，現在在欲界，但是我還能捨下，我的身心性命，不受欲界的外境所牽引，外界干擾不了我，也影響不了我，這就叫做「放下」。人在欲界中，又能放下身心性命而得清淨；換句話說，就是家有妻子兒女、財富無數，但是在我心中不以此為牽絆，不以此為執著，心得清淨。

相反的，這並不表示要一個人孑然一身，外捨所謂的妻子、兒女、財產，就是什麼都不要了，然後家也不要，房子也不要，只是一個人流浪、做乞丐。那樣做就太著相，反而走到另一個極端——這些身命財，我一樣也不取了，結果卻變成一味地捨，於是取和捨，變成兩個極端。

但從維摩詰居士的大乘菩薩道來講，身於家中既有妻子兒女，又有無數的財富財寶，但是牽絆不了我

的心，我的心是清淨的。換句話說，就是即使身在紅塵，修的又是出世間法，也能得到那法身慧命之果。

所以，當持世菩薩給帝釋天和天女們講法時，他講的對，當然這就是佛法，這就是佛理。

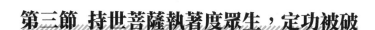

第三節 持世菩薩執著度眾生，定功被破

【即語我言：『正士！受是萬二千天女，可備掃灑。』】帝釋天的真身其實就是魔王波旬，對持世菩薩先稱呼「正士」，意思是能追求正法的大士，比如能發「阿耨多羅三藐三菩提心」的菩薩，意思是修的不邪、不是外道。這也是一種恭維。

「受是萬二千天女，可備掃灑。」意思是代表帝釋天真身的魔王波旬便說：「哎呀！，你說得太有道理了，說的太對了。我是應該遠離這些享樂、美色、財寶。你看我帶著這一萬兩千個天女，乾脆就給你。我得放下，我得聽你的話，五欲皆是無常，我也得追求善本，乾脆我把一萬兩千天女給你吧，可以伺候你，為你服務。」

救度之心，擾亂靜修的根源

魔王波旬聽了持世菩薩的話，他被教化了嗎？聽進去了嗎？其實根本沒有。人家來的目的就是擾亂你的靜修。怎麼擾亂？第一步，先恭維你。讓你覺得好像我還沒有得到究竟的法，你持世菩薩給我講法的過

程中，你已經著了相，在你心中就覺得自己的修行境界比我高、比我圓滿、比我修得好，所以你起了所謂的救度之心。

持世菩薩一看帝釋天來了，帶著天女們，他對天女們沒有動心，他對帝釋天沒有動世間的欲望之心，但是他動的是什麼心？他著相了，動的就是這種所謂救度之心。他開口就給帝釋天和天女們講法了。他為什麼沒看出來帝釋天不是來真心受教的，而是來影響他、干擾他的？因為他心裡沒那根弦兒。也就是說，他執著救度眾生。因為他有漏，所以魔王波旬帶著天女就是來破他的，不管他要不要接受天女，他的清淨已經被破，因為他已經有所求了，有所求即有取捨，他已經被破，把他的清淨破掉了。

執著於救度眾生，開門引魔入心

真正的修行人，要保持一顆清淨的心，第一要放下的就是救度心。不要總覺得世人需要被救度，不要總覺得我應該指引誰、引領誰，我去給人破迷開悟，讓人解脫。一旦有這個心就著相了，著的是法施之相。著相以後魔就來了，沒完沒了地來。

　　現實生活中，不乏可見這樣的佛心人士，太多的人來向他請教了，他也太熱心，天天在那兒救度眾生，苦口婆心地跟人家講。最後發現，度也度不完，度也度不盡，卻讓自己真正的心應該靜下來的時候，領悟正法和修行正法的時間，都被耽誤了。這也是一種煩惱相。以為自己在修行，以為度了無數的眾生，其實全是魔化的，追根究柢是你有所求，執著於救度眾生，所以你的心妄想、妄念就生起了。妄念生起，你執著於這麼做，你覺得這是對的，魔就趁虛而入。

　　魔王波旬並不是在法界中真正就有的一個大魔，然後到持世菩薩這裡來影響他。其實講白一點，我們每一個人身邊都是魔：心只要一動，魔就來；心只要一偏離，魔就來。心只要一執取，魔立馬就來。

　　因此，當持世菩薩想救度，因此魔就天天絡繹不絕地來找你、來恭維你、請你救度，你天天就忙著吧！其實，這就是在不通理的狀態下，每天都深陷煩惱之中。發現自己愈救度別人，自己就愈虛弱，自己愈無力，自己愈出問題。但自己還覺得是在積功德！其實，才不是那麼回事。須知道的是，世間有誰需要救度？誰比誰差？

　　所以《金剛經》裡，佛祖對須菩提一再講，真正

的修行、真正修這顆清淨的心，要離我相、人相、眾生相、壽者相，遠離這些相，遠離這些相我的心才真的清淨。怎麼做才能夠真正救度眾生呢？只有放下救度眾生的執念，才真的有可能救度眾生。

當你真的知道了，其實沒有什麼眾生需要你去救度的時候，你才真的有可能實實在在地救度眾生。放不下這個相的時候，一個眾生都救不了。

這一點，我們一定要弄清楚。

魔王破除清修第二步：打破離群索居

如此，波旬帶著天女們先達到了第一步，恭維持世菩薩讓他動心了，讓他起了救助之心了，第一步實現了。

第二步，就來破你的清修。清修講究離群索居。你不是求清淨，不能與人接觸嗎？好的，我第二步再加深一步，我要把這一萬兩千個美麗的天女送給你。送來的人多了，是不是煩事兒就多了，那一萬兩千個天女天天圍著你，你怎麼打坐。這就是來考驗你，能不能破得了這個色相，所以這裡才說：「正士！受是萬二千天女，可備掃灑。」

【我言：『憍屍迦！無以此非法之物要我沙門釋子，此非我宜。』】沙門在印度教裡指的就是修行的人、修苦行的人。釋子就是佛弟子，釋就是釋迦牟尼的姓。持世菩薩一聽這句話感到不對，心生警覺，馬上開始厲聲地對帝釋天說：「憍屍迦，不要把這些不合乎佛法的做法，讓我一個沙門的釋子，修行的佛弟子強行接受。這是不符合佛法、佛規、佛智的，也不適合我。」

怕沾染俗物，是因為心裡不清淨

其實，波旬在做這件事情的時候，又一次地干擾了持世菩薩的清淨。此處並不是在講，持世菩薩不接受這些天女就是維持正念，他好像義正辭嚴，但這裡不是在讚歎持世菩薩這一方面。這裡的意思是，持世菩薩心中不淨，心不清淨。何謂不清淨？他害怕，心有恐懼，他怕被污染，怕被財、色、名、食、睡所污染，內心有所恐懼所以一聽帝釋天要把天女送給自己，馬上就受不了了，厲聲推辭，馬上就排斥，馬上就要遠離他們。為什麼？就是因為心裡面不清淨，怕沾染。

就好像一面鏡子，如果不把鏡子包得嚴嚴實實

的，就這麼敞在外面，灰塵很容易就落在鏡子上。時間一長，鏡子全是污垢，所以感到害怕。

持世菩薩的狀態就像是一面明鏡，把自己包裹得嚴嚴實實的，一點縫隙都不能露，露一點就怕灰塵進去，鏡子就不乾淨了。他現在就是處在這種狀態，本身就是有恐懼感，有恐懼感本身就是沒看破這種事，不敢沾染，一旦沾染就麻煩了，他就把持不住了，他這種所謂的禪定就沒了，定功就被破了，所以他非常害怕。

然而，不管有沒有接受天女，魔王都已經達到他的目的了，已經知道他怕什麼？他的罩門在哪兒？在這種狀態之下，持世菩薩如果看不透、昇華不了，不能把自己的罩門補上，早晚有一天會被波旬魔王攻破，攻破他所謂的清淨、所謂的禪定。

貢高我慢之心，遮蔽了天眼通

這裡說明持世菩薩的修行狀態境界，其實還沒有達到一個不退轉的高度。修到第八地菩薩才能不退轉，那個時候就能看透真相了，不會再被世間或者出世間所謂的五欲、外境所牽引，達到不退轉的境界。

此時，持世菩薩其實已經挺危險的了，很容易就

會被魔攻破，或是說魔其實已經攻破他了，只是他沒看出來帝釋天其實是波旬魔王幻化的，這個時候他就已經落入下風。

但為什麼持世菩薩看不出來？他難道沒有天眼嗎？他也有天眼通，持世菩薩已經修到這個地步了，怎麼可能連天眼通都沒有呢？怎麼可能看不出來帝釋天是波旬魔王變化的呢？因為他心中有貢高我慢之心，甚至他還渴望著帝釋天能簇擁著天人天女來拜見他，來恭維他，來向他學習。

持世菩薩心中有所盼，所以一旦這個念想成真，他根本就無從去想是真？是假？因為達到了自己的目的，就會覺得：「看我多厲害啊！」在這種情況下，持世菩薩的天眼就被遮住了，被他的這種欲望遮住了。

所以他不究竟，就被魔攻破了。

第四節 維摩詰看透魔王波旬，教化天女

維摩詰展現神通，更勝魔王一籌

【所言未訖，時維摩詰來謂我言：『非帝釋也，是為魔來嬈固汝耳！』】話還沒說完，這個時候維摩詰突然出現在他面前。維摩詰也是大神通，告訴持世菩薩，你可千萬不要上當，你眼前站著的可不是帝釋天主，他可是魔。「嬈固汝耳」，嬈即妖嬈，就是用這種美色來迷惑你堅固的心智的。

維摩詰在此展現了兩種神通：一是天眼通，一眼就能看透魔的本質，把魔王幻化的形相給破了；第二是神足通，心念一動，瞬間來到了持世菩薩面前，幫他解圍。

【即語魔言：『是諸女等，可以與我，如我應受。』魔即驚懼。】於是維摩詰跟魔王說：「你可以把這些天女送給我，出家人他不能接受，我可是在家人，我能要，你給我吧，我坦然地接受。」「魔即驚懼」，波旬一聽到維摩詰回話，反而立刻就害怕了。當對方坦然接受的時候，其實就已經看到了對方的境界，維摩

詰的境界根本就不會被外遇所牽引，也牽引不了。因為對維摩詰來說：「我雖然天天都在財色名食睡中，但是我不著這個相，也不會深陷其中無法自拔，所以我不怕。」反而是魔害怕了！

【念維摩詰：『將無惱我？』】「念」即是魔王他心裡想：「維摩詰可是有神通的大菩薩，他可別為難我。」於是，我們發現魔王波旬反而害怕了，這境界高低一眼就能看出來了。

【欲隱形去，而不能隱；盡其神力，亦不得去。】魔王波旬就想跑了。魔沒有大神通嗎？神足通他能沒有嗎？有！但是維摩詰的功力比魔王高，神通比他還大，就把他震住了。所以，魔王用盡了法力神力也無法離開，嚇壞了。

【即聞空中聲曰：『波旬以女與之，乃可得去。』魔以畏故，俛仰而與。】突然間，空中響起一道聲音，對波旬說：「波旬啊！你得把這些天女送給維摩詰，你才能離去。」魔王必須得給，但是很不情願，又害怕。那怎麼辦呢？現在來看波旬的狀態，他是真的想

把天女送給持世菩薩嗎？答案是否定的是。魔本身為什麼是魔？他也是深陷五欲中，所以才是魔。他也捨不得。魔王的狀態是「俛仰而與」，俛是低下頭，仰是抬起頭，也就是一會兒低下頭，一會兒抬起頭，很躊躇、不情願的給了。這是他的天女，是他享受的，要給維摩詰，心理百般不願意。

【爾時，維摩詰語諸女言：『魔以汝等與我，今汝皆當發阿耨多羅三藐三菩提心。』】這時，魔已經把天女給維摩詰了，維摩詰居士坦然地接受了一萬兩千天女。他為什麼可以接受天女？他怎麼不會害怕呢？怎麼不怕接受了天女以後，會破壞自己的清淨呢？因為他接受這些天女不是為了享樂，不是為了滿足自己的欲望。他之所以能欣然、坦然地接受天女，是為了教化、度化這些天女，所以他的清淨心才不會被破。維摩詰發的是菩提心，他這樣來接收天女，反而是成就了他的大乘菩薩行。

於是，維摩詰對天女說：「魔王把你們送給了我，你們現在就得發阿耨多羅三藐三菩提心，走向成就正等正覺的佛道。你們就不能像以前那樣，放逸浪漫地生活。」維摩詰這時是天女的主人，維摩詰讓她

們做什麼，她們就必須得聽著。

【即隨所應而為說法，令發道意。】道意，即追求正道的意願。「既隨所應而為說法」，一萬兩千天女各有各的根性，各有各的需求，各有各的秉性，其實都是不同的。所以，維摩詰針對一萬兩千天女不同的根性、需求，而為其說法，也就是給她們講經說法，把她們引入佛道。

樂常信佛，從五欲中解脫

【復言：『汝等已發道意，有法樂可以自娛，不應復樂五欲樂也。』】維摩詰說完佛法，這些天女們已經知道有正等正覺的佛法，能夠真正地超脫。真正的樂是禪樂、常樂我淨，源自於心的清淨。修淨業才能長久，福報、善業只是一時的。

維摩詰對她們說：「你們已經發起了成就正道的意願，修行佛法的清淨之樂。以此可以自娛，這是一種享受，這才是真正的正道。你們不應該再去追求所謂的五欲之樂，放下色、聲、香、味、觸當中所得之樂，那是會讓人沉淪其中、深陷其中的短暫之樂，拋下那些，那是假的。」這裡的「法樂」，即我們修持

正法、行善積德，而得到的這種樂，這是一種禪樂，
禪定之樂。

【天女即問：「何謂法樂？」答言：「樂常信佛，
樂欲聽法，樂供養眾，樂離五欲。」】天女提問，什麼
是法樂呢？維摩詰雖然已經對天女們隨機說教，但是
她們還有所不理解，還有所困惑。於是他回答：「樂
常信佛，樂欲聽法，樂供養眾，樂離五欲。」

所謂樂常信佛，佛為覺者，是一切法的真實性，
已發道意的眾生，要知道有一個佛、真如的佛法。而
且不僅要知道，還要從信開始，知道了以後並生起信
心。要知道有佛法僧，信心非常重要，這是第一步。

《華嚴經》曾說：「信為道源功德母，長養一切
諸善根。」先從信中來，在信的基礎上樂欲聽法，把
聽法當作一種樂，在樂的基礎上，再去求法，求的是
正等正覺的究竟法。這時候，你就會樂於往這方面去
做，這就是正道。要從五欲當中脫離出來，不要天天
想著在身體上去享受福報享樂，把自己從五欲裡拔出
來，樂欲聽法。

因此「樂供養眾」，意思是我們要有布施之心。
「眾」即僧眾，這裡指的是佛法僧。「樂離五欲」，

要以脫離五欲，尋找真樂為樂。

　　何為真樂、假樂？五欲之樂我們都知道是假的，是幻相，是短暫的，所以要樂於脫離五欲。脫離了之後追求的是什麼？追求的就是心的清淨，自得禪定。得了禪定，自有禪樂輕安，那種樂才是永恆的樂，是不會斷的。

遠離六根六識

　　【樂觀五陰如怨賊，樂觀四大如毒蛇，樂觀內入如空聚。】五陰是色、受、想、行、識。五陰如怨賊，是會害我們的。我們千萬不要被色、受、想、行、識的五陰所牽引著，在其中不斷地迴圈，而是把五陰當成是賊、是怨賊，進而遠離。

　　「樂觀四大如毒蛇」的意思是，地、水、火、風這四大毒蛇是構成我們假合之身 (註) 的要素，如果我們看透了四大，自然就會遠離，四大所形成的假合的我是一個幻相，不是真的，所以我們就要遠離。

　　「樂觀內入如空聚」的「內入」又是什麼意思呢？就是六根，包括眼、耳、鼻、舌、身、意。我們要觀內入如空聚，如果說五陰皆是假的，那麼六根、六識、六境那不都是假嗎？都不是真的，都是幻相，

所以我們要看透這些，要破的就是這種眼、耳、鼻、舌、身、意，好像這些什麼都不存在。

【樂隨護道意，樂饒益眾生，樂敬養師。】所謂「樂隨護道意」，是指隨時來護持道心，求道的意念不要妄失，不要再被五欲所牽引走，意思就是我隨時隨地與道同在。「樂饒益眾生」，這裡我們要以和為樂，不是以自我享受為樂，要以利益眾生、度化眾生為樂。「樂敬養師」，是指能利益眾生，領自己走入佛道，最後能修成正等正覺的正果，這些功德都來自於師父，亦即是大善知識的教化。因此，我們一定要對師父有敬養之心。

樂行六度，五根俱足

【樂廣行施，樂堅持戒，樂忍辱柔和，樂勤集善根，樂禪定不亂，樂離垢明慧。】「樂廣行施」，其意思是我們一定要知道布施，堅持地行布施、持戒、忍辱等。從布施中，我們求取功德，然後一步一步地去修。「樂堅持戒」，是指在持戒方面，我們要不斷地

＊註：佛學術語，即人身。人身乃眾緣假和合之物，故稱假合之身。

堅持。

「樂忍辱柔和」，則是在忍辱方面，我們要做到樂於堅持地修行忍辱。「樂勤集善根」，則以前面的布施、持戒、忍辱等，就是讓我們樂行六度，以此來對治我們的習氣、毛病，來破除所謂的「貪瞋癡慢疑」這五毒，以此而得清淨心。樂勤集善根，也就是堅持讓五根具足而後生出五力，就是我們真正修行正等正覺佛法的基礎——信根、勤根、念根、定根、慧根等這五根。才能「樂禪定不亂」，在修六度具足、五善根的同時，還要保持我們清淨的禪定之心，讓自己的心隨時得禪定。於是「樂離垢明慧」，這裡的「離垢」就是指煩惱之毒、煩惱之根。煩惱以何為根，其實是貪瞋癡慢疑這五毒，即破五毒得智慧。

【**樂廣菩提心，樂降伏眾魔，樂斷諸煩惱，樂淨佛國土，樂成就相好故，修諸功德，樂莊嚴道場。**】所謂的「樂廣菩提心」，菩提心在這裡就是四無量心。四無量心就是慈悲喜捨四無量心。「降服眾魔」，以降伏諸魔障為樂，魔就是障礙。

至於「樂斷諸煩惱」，斷的是什麼？怎麼能斷除煩惱？即是斷了煩惱之根，也就是煩惱之毒。煩惱之

毒，三毒即是貪嗔癡，五毒即是貪嗔癡慢疑，這就是煩惱之根。

而「樂淨佛國土」，我們在修行的過程中，要知道我們的識根與境之間的關係。外境亦即是佛國土淨與不淨，是由我的根和識判斷而來，由六根而感受六境，由六識來作判斷取捨。如何淨佛國土？即謂之心淨則佛土淨。而淨佛國土，其實淨的不是外面的環境，而是我的心。才能「樂成就相好故」，即意思是通過修行，我們能夠成就相好之功德。相由心轉，心能轉相，相好之功德即是，如果我的心圓滿了，功德圓滿了，我即具備佛之三十二相、八十種好，此即謂「相好」。「修諸功德，樂莊嚴道場」的意思是如果這樣來修行，那麼道場自得莊嚴，功德自得圓滿。

什麼是法樂？

【樂聞深法不畏；樂三脫門，不樂非時；樂近同學，樂於非同學中，心無恚礙。】所謂的「樂聞深法不畏」是指我即使聽到、見到、認識了真相，也不會感到害怕。這裡要注意的是，如果心有所漏，不究竟、不圓滿的時候，我們是無法面對真相的。因為在真相面前，我們是非常恐懼的。如果按照這個不斷地去

修，就會發現即使見到了宇宙的真相，聽聞了真正的至深之佛法，也不會感到恐懼、不會害怕，所以這就叫做「真法樂」。

至於「樂三脫門」，什麼叫做三脫？就是所謂「三解脫」：一是解脫生死，這稱為「空解脫門」；第二是無相解脫門；第三是無願解脫門，也稱為「無做解脫門」，也叫做「解脫空」。

「不樂非時」的理解就是，不樂於此三門，雖樂而不究竟，叫做「非時」。如果我的樂脫離了這三解脫門，我就樂不起來了，這不是真樂。所以，菩薩就是在修這三解脫門，能以此成就三解脫門，也稱為「三三昧」，這是一種功夫。

「樂進同學」，這裡的同學是指一起修習道法、佛法的道友們。這句的意思是樂於親近善知識、志同道合的人，使善法增長。

「樂於非同學中，心無恚礙。」這裡說有善緣、有惡緣，當我知道善緣也好，惡緣也罷，都是因緣聚合，這個時候其實我心無掛礙，心裡不會留下著相的東西。

【樂將護惡知識，樂親近善知識；樂心喜清淨，樂修無量道品之法，是為菩薩法樂。】「樂將護惡知識」是說志同道合者統稱之為「同學、善知識」，那麼惡知識就是非志同道合之人。但我很清楚，這些非志同道合之人不是所謂的壞人，只是緣分沒到而已。我會去「樂親近善知識」，也就是善於親近志同道合的同學。「樂心喜清淨」就是通過修這顆心，即慈悲之心、喜捨之心，四無量心，以此而得到清淨。「樂修無量道品之法」，樂於修行三十七道品，按照三十七道品一步一步地來修行，是為菩薩法樂。

就這一個問題，維摩詰居士講了這麼多東西，這才是法樂。而他說的法樂，可以發現還是不離三無漏學、四聖諦、三法印，還是不離十二因緣、三十七道品，因此《維摩詰經》、《方等諸經》中宣揚大乘佛法，但是并沒有離開小乘教義。

魔王放不下五欲，天女已種菩提之心

【於是波旬告諸女言：「我欲與汝俱還天宮。」諸女言：「以我等與此居士，有法樂，我等甚樂，不復樂五欲樂也。」】這時，魔王波旬對這些天女說：「我要帶你們一起返回天宮。」這就是魔。

　　本來魔王說把天女送給維摩詰了，現在又反悔了，又想把她們帶回天宮。魔對生理之欲、享樂之欲放不下，捨不得把這些天女給維摩詰，還是想自己回去享受，所以反悔了，說：「不行，我不給了，你們還是跟我回天宮。」

　　【諸女言：「以我等與此居士，有法樂，我等甚樂，不復樂五欲樂也。」】天女們被維摩詰居士一頓教化，也不願意跟波旬再回到天宮，去享受五欲了，回說：「我們已經知道了什麼是法樂，我們不會再貪戀天上的五欲之樂了。」這個時候不聽魔王波旬的話了。

　　【魔言：「居士可捨此女？一切所有施於彼者，是為菩薩。」】於是，魔王對維摩詰居士說：「你能放過她們嗎？你既然做菩薩，不是講喜捨嗎？你不是講布施嗎？你能不能放過她們，你就別要她們了，你還是把她們還給我吧！」

　　【維摩詰言：「我已捨矣！汝便將去，令一切眾生得法願具足。」】維摩詰說：「我不會強求她們。在

我這裡，她們來還是走，其實都無所謂。要走就走，她們都是自願的。即便是你現在要把她們帶走，我希望這些天女們跟你回去以後，也能回心向道，不離法願。而且『法願具足』，即是別忘了要發阿耨多羅三藐三菩提心，別忘了我給你們講的這些佛法至理，其實你們已經不是來時的天女，已經種下菩提的種子了。」

【於是諸女問維摩詰：「我等云何，止於魔宮？」】

於是天女們問維摩詰：「我們如果和魔王波旬回到魔宮，如何能在魔宮裡，做到諸法安住而不退失呢？我回去後，怎樣能夠發阿耨多羅三藐三菩提心，而不退失呢？我還能按照你的教導不斷地修行嗎？」

答案是可以的。且看下一節，維摩詰居士如何回答天女！

第五節 無盡燈法門照亮法身

無盡燈法　大乘佛法修行之道

【維摩詰言：諸姊！有法門名無盡燈。】維摩詰說：「我教你們一個修行方法，這個修行的方法就叫做『無盡燈』。」在這裡，維摩詰把佛法比喻成無盡燈，每一個修行佛法的人都將是一盞燈，一盞燈點亮另一盞燈，再點亮另一盞燈，這個就叫「世世相傳，燈燈相續，永不斷絕」，就叫做「無盡燈」。

【汝等當學。無盡燈者，譬如一燈，然百千燈，冥者皆明，明終不盡。如是諸姊！】維摩詰居士再進一步的講解什麼叫做「無盡燈」。所謂的無盡燈，就如同一燈點燃了百千燈，使黑暗成為光明，並且這種光明永不斷絕。因此，維摩詰對天女說：「那麼你們進了魔宮，魔宮就叫『冥者』，就是黑暗、陰暗的地方。如果你們在冥宮或魔宮當中，能夠把你們所學的這些佛法，以及所啟發的阿耨多羅三藐三菩提心，燈燈相續，代代相傳，你的這個無盡燈就能夠發出無量之光，就能把魔宮都照亮。」

【夫一菩薩開導百千眾生，令發阿耨多羅三藐三菩提心。】維摩詰表示，其實天女們都是發阿耨多羅三藐三菩提心的初地菩薩了，要開始以此來開導引領百千眾生。直接點出這些天女們回到了魔宮之後，要對魔宮中的所有眾生，度化他們、引導他們，令他們都能夠發出阿耨多羅三藐三菩提心，並且讓他們知道還有一個正等正覺之佛法的目標。修行之人應該向上，因為那是究竟解脫之道。

【於其道意，亦不滅盡。隨所說法，而自增益一切善法，是名無盡燈也。】如此一來，魔宮早晚都能變成一片光明。如果能這樣做，就能夠使魔宮當中的眾生發起成佛之心，對於自身的修道不但沒有任何的損失，反而會隨所說法，更加增益自己的一切善法。這就是巨大的積功累德，是修行之路，這就叫做「無盡燈法」。

【汝等雖住魔宮，以是無盡燈，令無數天子天女，發阿耨多羅三藐三菩提心者，為報佛恩，亦大饒益一切眾生。】維摩詰也規勸天女們：你們不管在哪裡，即使回到了魔宮，魔宮就是你們的修行場所。如果，你們

真的能修行這種無盡燈法，就能使無數的天人、魔宮中的天子天女發起成佛之心。你們如果都這麼去做，那就是上報佛恩，就是大乘菩薩道的饒益一切有情眾生。無盡燈即是修法。

【爾時，天女頭面禮維摩詰足，隨魔還宮，忽然不現。】這個時候天女們都懂了，明白了，接受這個法了。用最高貴的禮來回敬維摩詰居士，就跟著魔王波旬回到了他的宮殿，一下就不見了，也就是在定中的幻相忽然消失。

【世尊，維摩詰有如是自在神力、智慧、辯才，故我不任詣彼問疾。】於是持世菩薩對佛祖回答說：「世尊，維摩詰既有大神通，又有這麼高境界的智慧，又有無礙的辯才，我在各個方面跟他差得太遠了，我沒法跟他對話，沒法代表佛祖去看望他。」這就是持世菩薩對佛祖的一番言談。

無盡燈法，大乘佛法修行之道

在這裡，其實要告訴我們一個道理就是，所謂的修行不要太著相，一旦著相，就會著魔了。要想得

到真正的清淨，那就要在道場中。而道場隨處皆在，連魔宮都是道場，都能夠修自己這顆清淨的心。關鍵是你能不能發出阿耨多羅三藐三菩提心，然後在行為上，能按照三法印、三無漏學、四聖諦、六度、五根、五力、三十七道品這些修行的方法去修，只要能夠遵行這些方法，在哪兒都是道場，都是修行。

這裡也揭示了一個非常重要的修行方法，叫做「無盡燈法」，不管我修成什麼樣子，哪怕還是一個初地菩薩，都可以去修行這個方法。因為我就像一盞燈，被佛法僧，也就是被師父、大善知識點亮了，傳遞給我佛法，告訴我世間有一個正等正覺的佛，發現了宇宙的真相，也知道了整個宇宙運行的規律，即是佛法。

當我們知道有這一套東西，然後由師父點亮了我這盞燈，使我也有辦法去點亮其他人，這就是「無盡燈法」，也是大乘菩薩道的修行方法，既簡單又直接，沒有那麼複雜。

關鍵就在於：是口上說？還是心中行？如果在現實中，哪怕多點亮一盞燈，這一盞燈就是慧命之燈，就能把別人的法身照亮。這比救一個人的生命，功德都要大，這就是無盡燈法。也更闡述了：修行處

處是道場，我們處處都可以起修。

第四章

第四品菩薩品（四）

點化長者子善德布施真義

樂善好施是因為求福報，還是功德？

財布施與法布施有何差別？

這裡揭露在家修善行時，如何利用財布施為引，

達到度化慧命的正行善法！

第一節 長者子善德以財布施

　　佛告長者子善德：「汝行詣維摩詰問疾。」善德白佛言：「世尊，我不堪任詣彼問疾。所以者何？憶念我昔，自于父舍，設大施會。供養一切沙門婆羅門，及諸外道貧窮下賤孤獨乞人。期滿七日。時維摩詰來入會中。謂我言：『長者子，夫大施會，不當如汝所設。當為法施之會，何用是財施會為？』我言：『居士，何謂法施之會？』答言：『法施會者，無前無後，一時供養一切眾生，是名法施之會。』曰：『何謂也？』謂以菩提，起於慈心；以救眾生，起大悲心。以持正法，起於喜心；以攝智慧，行於舍心。以攝慳貪，起檀波羅蜜。以化犯戒，起屍羅波羅蜜。以無我法，起羼提波羅蜜。以離身心相，起毗梨耶波羅蜜。以菩提相，起禪波羅蜜。以一切智，起般若波羅蜜。教化眾生，而起於空。不捨有為法，而起無相。示現受生，而起無作。護持正法，起方便力。以度眾生，起四攝法。以敬事一切，起除慢法。於身命財，起三堅法。於六念中，起思念法。

　　於六和敬，起質直心。正行善法，起於淨命。

心淨歡喜，起近賢聖。不憎惡人，起調伏心。以出家法，起於深心。以如說行，起于多聞。以無諍法，起空閒處。趣向佛慧，起於宴坐。解眾生縛，起修行地。以具相好及淨佛土，起福德業。知一切眾生心念，如應說法，起于智業。知一切法，不取不捨，入一相門，起於慧業。斷一切煩惱，一切障礙，一切不善法，起一切善業，以得一切智慧，一切善法。起於一切助佛道法。如是善男子，是為法施之會。若菩薩住是法施會者，為大施主，亦為一切世間福田。世尊，維摩詰說是法時，婆羅門眾中二百人，皆發阿耨多羅三藐三菩提心。我時心得清淨，歎未曾有，稽首禮維摩詰足，即解瓔珞，價值百千而以上之，不肯取。我言：『居士，願必納受，隨意所與。』維摩詰乃受瓔珞，分作二分。持一分，施此會中一最下乞人。持一分，奉彼難勝如來。一切眾會，皆見光明國土，難勝如來！又見珠瓔在彼佛上，變成四柱寶台，四面嚴飾，不相障蔽。時，維摩詰現神變已又作是言：『若施主等心施一最下乞人，猶如如來福田之相無所分別，等於大悲，不求果報。是則名曰具足法施。』城中一最下乞人，見是神力，聞其所說，皆發阿耨多羅三藐

三菩提心。故我不任詣彼問疾。如是，諸菩薩各各向佛說其本緣，稱述維摩詰所言，皆曰不任詣彼問疾。」

在家修行的修善之道

【佛告長者子善德：「汝行詣維摩詰問疾。」】
在這一章內容，我們來到第四位菩薩，名為「長者子善德」。這是一位在家修行的菩薩，因為是在家修行的，沒有出家，修的是世間的善行，通過行善來具足善根，宿植德本。往世以來種下德本，叫「善德」。而第一句，佛祖就對善德說：「你去問候一下維摩詰居士。」

【善德白佛言：「世尊，我不堪任詣彼問疾。所以者何？憶念我昔，自于父舍，設大施會。供養一切沙門婆羅門，及諸外道貧窮下賤孤獨乞人。期滿七日。」】在這裡，「父舍」指的是在他祖上留下來的房子裡。因為長者子善德生生世世行善積德，他修的就是這個，因此他也是出生在富貴的家庭，擁有很大的福報，在世間的人當中是有大福報的人。

有一天，他在祖上留下的大宅院裡做大施會。大

施會的意思就是廣行布施，不分物件，誰來都可以，都會獲得供養，比如乞丐、流浪漢、街頭的賣藝小孩、老人、官員等等。善德經常做這類善事，像是布施粥、布施衣服、布施錢財等，以此來行善，以此供養一切沙門、婆羅門，及諸外道、貧窮、下賤、孤獨乞人。

「期滿七日」，意思就是他做大施會，設齋供眾，出家的人，在家的人、包括學佛的人、外道的人、貧窮的人、下賤的人、鰥寡孤獨的人，無遮大會，以此求福，大施會持續了七天。這種布施，其實稱為「財布施」，提供以飲食起居用品或醫藥等等，來對需要的人行布施。這是指世間的布施，其實善德就是在世間修善的人。

【時維摩詰來入會中。】這時，維摩詰也來參加。於是就有了後面維摩詰就對善德講述，到底應該怎麼布施。

行善不等同修善，也非修行功德

這一段對於在家修行的人非常重要。為什麼呢？因為現在出家人畢竟是少數，絕大多數的人都是在家

修行。但在家發阿耨多羅三藐三菩提心，應該怎樣修行？在家修行，一般是從哪裡開始起修呢？相信很多人都是從求福、求德，即是從布施開始，也就是做好事、行善。那麼，在現實中、在世間如何行善？何謂善？怎麼做才能叫做行善？什麼才是功德？

比如說，梁武帝就是世間的王。達摩大師見到梁武帝以後，梁武帝問他：「你看我造了這麼多寺廟，供養這麼多僧人，我的功德大不大？」

達摩馬上回答他：「實無功德可言。」意思是，你造了這麼多寺廟，供養這麼多僧人，其實不外乎就是得到世間的福報，但是沒有功德，這是兩個不同的概念。

梁武帝聽不懂了，說：「你看我做了這麼多好事、這麼多善事，怎麼能沒有功德呢？我至少也應該超出三界了，至少也應該成菩薩了。我以國王之身，帶領全國人民信佛、造寺、供僧，我至少應該是個大菩薩。」

由此可見，梁武帝是不明白其間道理，因為他做的這些就是財布施，是世間的善事、好事，與修行的功德是完全兩回事。

在這裡，維摩詰就是通過對長者子善德的教化，

告訴世人，在家的眾生應該怎麼修善？由財布施、做好事、行善道，怎麼能夠昇華到得智慧、度眾生？這一段經典內容，其實對在家的修行人是非常重要的。

第二節 法布施救人發菩提心

從財布施會昇華到法布施

【謂我言：「長者子，夫大施會不當如汝所設」。】

維摩詰對長者子善德說：「長者子，做大施會不應該用這種財布施的形式。」為什麼？用世間的財物飲食、起居用品、醫藥等，賑濟世間眾生，以此來使他們離苦得樂，發心的本意是好的，但是這種在世間的財布施，是暫時的、有漏缺的。眾生即使因此離了苦，得到的樂也是暫時之樂，也是有漏之樂，去不了其根。

眾生無量無邊，如果以財來布施，需要大量的飲食及器具用品、醫藥等。以個人之力怎麼布施得完呢？布施一個眾生就是一個眾生受惠，只能解決他這一頓的問題，或者只能解決一時之需。能夠通過財布施，讓所有的眾生一直都吃飽穿暖，生活無憂嗎？那是不可能的，所以是暫時的、有缺漏的，這叫做治標不治本。

我們應該施法布施。但施行前必須知道，布施其實有三種：一是財布施；一是法布施；第三是無畏

布施。法布施是什麼？法布施就是真正教化眾生何謂佛法的真諦，讓大家能發菩提心，走上修行佛法的正道，以此來改變自己的心，消除自己往昔以來所造諸惡業，這樣心得清淨，命運自然就改觀了。這才是真正的大布施，即法布施。

真正在家的修行人要想布施，其實也是一樣，應儘量以法布施為先，以法布施為主。財布施最簡單，直接提供給最貧賤的人，讓他們吃飽飯，讓他們有衣服穿，讓他們的孩子可以接受教育，這是最簡單的，但是這個只能求得人天之福報。

【當為法施之會，何用是財施會為？】維摩詰接著解釋說，你不能只想用財去布施眾生。有限的財物、有限的時間，生命本身就是一個假相、就是一個幻相，救助一個生命體、肉身，本身沒有什麼功德可言。你應該救的不是身命，而是慧命。救身命得福報，救慧命才能得功德。

【我言：「居士，何謂法施之會？」】聽了段話之後，善德說：「居士，我也聽不明白，我應該怎麼做呢？什麼才是法施呢？」所以就問維摩詰居士。

【法施會者，無前無後，一時供養一切眾生，是名法施之會。】維摩詰就來告訴善德，什麼是法施，怎樣以法來布施眾生。

維摩詰回答說：「善德，所謂法施之會者，無前無後。」無前無後的意思就是，以財施為表相，以法施為根本。以財施把眾生召集過來，這是結一個緣，大家是奔財而來，當聚集到一起以後，佛祖或修行者要給大家宣揚所謂的無前無後、平等無二的法。正所謂「豎觀無前無後，一切皆平等；橫觀一時供養一切眾生。」供養一個眾生就等於供養一切眾生，供養一個乞丐就等於供養了十方諸佛，這才是真正的法布施。意思是把眾生以財布施接引而來，然後在供養他們財布施的過程中，教會他們佛法的珍貴，以及如何弘揚佛法。

如此一來，他們吃了你的東西，同時在慧命上又得到了更大的昇華，這才是真正的法布施。

「前後」在這裡是指空間，一般都叫「豎觀無前無後」。「豎觀」就是指空間，即空間無前後。「橫觀一時供養一切眾生」的「橫觀」講的是時間。

能做到這一點，不論是財施法施，無先無後，施一人和施眾生，其實都是一回事。這就是所謂「法施

之會」。

以財布施修慈悲心與喜捨心

【曰：「何謂也？」謂以菩提，起於慈心；以救眾生，起大悲心。】為什麼這樣說呢？「謂以菩提，起於慈心；以救眾生，起大悲心」這就是慈悲。以慈悲來救度眾生，如何以慈悲來救度？大施會是為了眾生得樂而設的，那麼在此應該是菩薩為利樂眾生而發出的菩提心，此處所講是善德發出菩提心，要起於慈心，以菩提心來發起慈心，能來救度眾生。

菩提心指的是向著成就正等正覺之佛道。發這個心做大施會，那麼飲食起居的用品，都是方便的手段，反而是次要的。我發起菩提心了，慈心和悲心就會生起。所以修的是通過財布施，而生起了慈悲心。這就是發起大施會的行者，他的修行，修四無量心，慈心、悲心都是四無量心的一種，要讓眾生真正能夠得到無漏之樂。如此，同體大悲、無緣大慈，修的是一個慈悲心。

【以持正法，起於喜心；以攝智慧，行於捨心。】後面就是喜捨，通過大施會這種財布施，不僅要修

我們的慈悲心，還要修我們的喜捨心。在行大施會的過程中，我們應該堅持正法，即中道無所得，真如本性，真如法性。如能以此布施，則能使眾生法喜充滿，不為一時一物之無常俗樂，這就叫做「以持正法，起於喜心」。

在這個過程中，堅持以大智慧觀照諸法本空，即三輪體空，即以身、命、財，以此而大做佛事。身即是法身，命是慧命，財是無量無盡之財，以此來做佛事，以達到心無掛礙，不局限於布施一頓飯或者是一件衣服。

在這裡得到心無掛礙，則行於捨心。這樣修才是真正的法施之會。以慈悲喜捨四無量心在修的時候，就可以戒除一種偏邪。如果從世間的財布施來講，我可能會高高在上，居高臨下看那些貧賤的人，我給你一碗飯，你得對我感恩戴德，這就是著相，甚至會培養起自己的貢高我慢之心。

如果不把大施會昇華成法施，最後都有可能因做善事、行大施會墮入三惡道，得的不一定都是福報。你給別人一碗飯，給別人一件衣服，但是你的貢高我慢之心起來了，瞧不起人，那麼種的都是入三惡道之根，須小心謹記在心，必須得昇華起來才行。這裡就

是在告訴我們，如何以大施會方便法行四無量心。

而修四無量心，就是法施之會了。

飯食供養肉身，佛法供養法身慧命

【以攝慳貪，起檀波羅蜜。】「檀波羅蜜」就是六度之一，意思就是布施度。有三布施：財布施、法布施、無畏布施。三布施對治的是慳貪、吝嗇，就是克制我們的貪欲，即以攝慳貪。

【以化犯戒，起屍羅波羅蜜。】「屍羅波羅蜜」在這裡的意思就是持戒度，指持守戒律，常能自省，以此來對治惡業，不讓自己淫心妄念增長，以此而得清淨心，這就叫「以化犯界」。以什麼化解犯戒呢？就是惡業要用持戒波羅蜜。

【以無我法，起羼提波羅蜜。】「羼提波羅蜜」意思就是忍辱波羅蜜，即忍辱度，這也是六度之一。忍耐迫害，忍耐委屈，能對治的是嗔恚，以此使心安住。這就是講，用忍辱度來修無我法，使心安住。

【以離身心相，起毗梨耶波羅蜜。】「毗梨耶波羅

蜜」意思就是六度當中的精進度，即是在具足五根、五力的前提下，精進不懈怠。對治的是享樂心、懈怠心，以此而增長善法。以此離身心相，也就不執著於身心外形。

【以菩提相，起禪波羅蜜。】「禪波羅蜜」是指這六度裡面的禪度、禪定度。修習禪定能對治亂意，意思就是心亂，則用禪定來使心得安定，以此而呈現菩提相。

【以一切智，起般若波羅蜜。】「般若波羅蜜」就是六度當中的智慧度，以此來對治愚癡。

維摩詰居士其實就是在告訴善德，應該怎麼樣開法施會。把人聚集了，只給人提供飲食，這是不可以的。人來了以後，善德在提供飲食的過程中，要教導開化大家，用四無量心、用六度波羅蜜來教導大家。飯食供養的是他的肉身，佛法供養的是他的法身、慧命，用這個方向教化眾生，才是功德。

而從善德的例子來看，我們知道財布施是方便法，但若以此來修自己的四無量心，修行自己的六度萬行，這便是自己的功德所在。

【**教化眾生，而起於空。**】這裡又重申一次前面講過的：有三解脫門。以三解脫門在法會當中施於眾生，用以隨緣教化一切眾生，而無眾生相可得，起空解脫。

第三節 般若智慧皆從有為法而來

佛菩薩不著因果，示現受生

【不捨有為法，而起無相。】這句話是非常重要的。大家一學般若智慧，都去追求無相、無住亦無著的境界。基本上，要想追求般若智慧境界，就得放下對相的執著、對有為法的執著。但很多人放下了以後發現，在世間不去做這些所謂的有為法，一味地追求無相、無住亦無著的境界了，什麼都是空，什麼都是無我，在世間無所作為了，都無所謂了，不在乎了，這是不可以的。

這裡維摩詰告訴我們的這句話，一定要牢牢記住：「不捨有為法而起無相」。真正的最高境界、無相無住亦無著的最高境界，即般若智慧的境界，一定是從修有為法而來，有為法修到了極致，我們才可以昇華到無為法，亦即是無相無住亦無著的境界。

修到最高的般若智慧，那是最高境界，但是要達到最高境界是要有階梯的，有為法就是階梯。所以在這裡，要給眾生開示般若大智慧的同時，一定要告訴大家，不壞世間法！這個一定要清楚，不壞世間法即

是不捨有為法，以此而起無相解脫，這是非常重要的。

因為在現今中土修行的眾生，普遍厭小喜大。厭離、討厭、排斥小乘佛法，覺得小乘是有為法，是有相有形、執著在形上的；就喜歡大乘佛法，喜歡般若智慧，開口全是無我、都是空、都是三解脫，全都是這些東西，全都是最高智慧。結果，脫離了小乘佛法而修大乘修法，那就是無根之草、無根之樹，經不起風吹雨打，淪為空中樓閣。

所以，現在中土的眾生沒有幾個真正能解脫的，根基都不牢固，天天在講說，一學佛就學《金剛經》，一學佛就從《心經》開始學。小乘佛法的《阿含經》，多少學佛的人聽都沒聽說過，根本不屑於去學，而且不屑於去遵守所謂佛陀教導我們的基本戒律，覺得這些都是有相的，因此「不捨有為法而起無相」，這是在修行時要非常注意的態度！

【**示現受生，而起無作。**】「受生」也是有為。我們注重生命的始終及生命的過程，然而在這個過程中，必須要知道的是，「我」只是示現，而不是造業。不捨生死才是真涅槃。菩薩所謂的生和滅叫「幻生幻滅」，就如幻術或幻相一樣。菩薩在幻生幻滅當中，而其無作解

脫，這是一種解脫。因此，在這裡便是講眾生如何「解脫」？

所謂菩薩度化，這裡講的菩薩或者佛，已經不著因果了，已經超出三界外，不在五行中了。不著因果，但是又以化身入世；以化身入世，做的事情不著因果。并不是說佛菩薩就是寂靜、毫無分別，分別心在這個階段完全放下了，已經無我了。沒有我執，沒有法執，他就不入世了，不管眾生了。不是這樣的，所以也是要示現，也要受生，該怎麼出生就怎麼出生，該怎麼死就怎麼死，就跟平常人是一樣的，但是他不著因果。這就叫做無作解脫，真正的大解脫是在這裡解脫。

佛的涅槃境界，也不是佛就自己在那裡寂滅，自己在那裡常樂我淨，不是那麼回事。也得是不捨生死，那才是真正的大解脫，才是真正的大涅槃。

大菩薩為救度眾生，起方便法

【護持正法，起方便力。】對真正的大解脫來講，不是說什麼事都無所謂，什麼事都不去做，什麼都清淨了，那是不對的，這是兩個概念。真正的大菩薩，還是要護持正法的。以什麼方式來護持正法呢？以空

無所得之根本，起方便勝用之善巧。根本還是空無所得，但不是說空無所得，就什麼都不做，而是以這個為根本。我知道這個本質就是空無所得，但是我還得起方便勝用之善巧。

眾生需要這些所謂的神通方便，而不是菩薩以此現神通來展示自己，取得大家依賴、信服。目的是使大家建立信根、發起淨根，然後修念定慧，這得有方便法。菩薩是為了救度眾生才起的方便法。在這裡我們要知道，這本身就是一種布施。

【以度眾生，起四攝法。】為了度化眾生，前面講的是方便法，後面說要「起四攝法」。四攝法都有哪四攝？我們為了度化、教化眾生，最方便的、最善巧的法門方法，其實就是這四攝，布施攝、愛語攝、同事攝、利行攝。我們要善於運用最善巧方便的四攝法，來使眾生歡喜信受、高興，因為滿足了他的欲望，這就是人性，你讓他得到了他想得到的，他就會感到開心高興、滿懷歡喜，讓他獲得滿足了，他就會信服你了。信服你以後，他就能接納你，就能接受你。這時候你再去教化佛法，弘揚佛法，他就能接受，就能聽。

【以敬事一切，起除慢法。】「以敬事一切」，敬是指平等。「除慢」，即修平等法，則能恭敬一切。所謂「敬心即起，即除我慢」。這是為什麼？怎麼除我慢心？諸法平等，人人皆有佛性，人人也即平等，此即謂平等法。以此平等法一修，淨心就起來了，對天地萬物之眾生都會發自內心的恭敬，看見一條狗也像對佛一樣恭敬，這樣就除了我慢之心。

第四節 正行善法，隨其心淨

修行身居陋巷，著糞掃衣也知足常樂

【於身命財，起三堅法。】「三堅」其實就是身、命、財堅固的三個解脫法。這裡要知道，身命財就像你看它的時候，知道它如幻化，好像是天上的浮雲、風中的燈燭一樣，要以捐捨，要有捨心，以此而利益眾生，如此就能得到法身堅固不壞，壽命長而不夭，即無量壽，功德財用之不竭。

身命財，指的是法身、慧命、功德財。當這三個法真正修好，我們就能得到法身堅固不壞，壽命長久不夭，功德財用之不竭，所以叫做「三堅法」。

【於六念中，起思念法。】「六念」即為發起的念頭，生起的念頭，也就是我們的意識。意識集中於何處？我們的意識、我們的心現在都是向外奔逸，這是因為妄想執著不斷，妄想到哪兒，心就飛到哪兒。回憶過去，心就回到了過去；妄想未來，心就飛奔到未知的未來；執著於當下的人事物，心就被寄附於當下的人事物。

心總是變遷不定，應該把心放在哪兒？在這裡就稱之為「六念」。六念即是念佛、念法、念僧、念戒、念施、念天。如果能夠長持此六念，便能使人具足善的功德，把心安住在六念當中，常起六念相應之法，這就是法施。所以要控制我們的思維，控制我們的心。

【於六和敬，起質直心。】「六和敬」意思就是僧團處理人際關係的六條基本準則。僧團，也就是我們現實中的修行團體。這句話意思就是，共修的人擁有共同的志向，志同道合的人在一起修行，為了保持很好的人際關係，避免衝突，每一個人都要修六和敬，這樣僧團才能長久不分裂。

六和敬的第一條基本準則是身和同住，第二是口和無諍，第三是意和同事，第四是戒和同修，第五是見和同解，第六是利和同均。

其中，怎麼能夠「見和同解」呢？都學習佛祖教給我們的智慧，不去學外道，這就叫見和。那麼，如果是有外道的人，和佛祖所傳的法是不相應的、是有衝突的，這個見就不可能和。所以說一門深入，大家一起修不僅身同在，意念也要同在，思想也得同在，

觀點也是同樣的。怎麼能做到同呢？怎麼能做到六和呢？一定得是同修一個佛法，都是一個師父教出來的，這樣就能和。如果把外道、別的法門的東西加進來，那就不可能和，最後就得分裂。

至於第六個基本準則是「利和同均」，就是在利益方面，大家不要有分歧，要對等、均貧富，這樣就不會因利益而產生爭鬥。

如果能做到六和敬，自然起「質直心」。什麼是質直心？質就是淳樸，直就是正直，就會得到正直誠實之心。如果要從本性直心生起，那就是生出平等的心。平等心一出，質直心一起，就沒有那些巧言令色的偽善，自然沒有當面一套背後一套，自欺欺人的事發生，這就是法布施。

隨其心淨，即佛土淨

【正行善法，起於淨命。心淨歡喜，起近賢聖。】

何謂淨命？簡單的解釋就是依佛教所定的規制，乞食以自活，這叫做淨命。佛法裡面，關於僧團應該怎麼生活，是有其規範的，稱為規制。「正行善法，起於淨命」，像菩薩真正能夠做到直心如箭，正直沒有扭曲，那就是正行善法。以常行善法，遵守佛律，佛律

即是僧團的一些規定，比如著糞掃衣，不能天天穿鮮
豔的、豪華的衣服；住在阿蘭若住處，不能住豪華的
宮殿，得住在茅草房、帳篷、茅屋裡，住在自己清修
的地方；治病，用腐爛藥治病，如此就能生起淨命之
法，而不能去貪圖享樂。

　　現實社會中，但凡豪華奢侈的人都是滿身名牌，
居於豪華宮殿，身著華麗衣服，這哪是修行？這裡
就是在告訴我們要做到捨身。捨肉身以向慧命，我們
修的是知足者常樂。如何做到？我身居陋巷，著糞掃
衣，以乞食為生，但是不會感到憂慮焦慮，也沒有恐
懼，而是樂在其中。

　　「正行善法」也是修行的一種。正行善法從哪裡
開始？就是起於淨命，從此開始。不能從追逐世間的
名聞利養開始，那不是修行的起修處。如此一來，我
們才能不以邪命自活。邪命就是指剛才所說的那種住
宮殿、著名牌，為了生存、為了生活，在世間不擇手
段地去爭取。既不殺生，也不會害命，也不會投機取
巧，我守著淨命，生活已經是最低的標準了，還會為
了我的利益去跟別人爭搶殺戮嗎？不可能。

　　因此，「心淨歡喜，起近賢聖」，這都是屬於法
布施。修行的菩薩是坦坦蕩蕩，沒有委曲，而是要先

使心清淨下來，是為「淨」。隨其心淨，即佛土淨，心真的淨下來了，周圍的環境、周圍的人沒有和我作對的，沒有障礙我的，這樣就能融合萬物，心生歡喜。此時，就能體會出來跟人是沒有利害之爭，無需跟別人算計、與人計較，自然心胸坦坦蕩蕩的。這時候就會生起接近聖賢一類善知識的身、口、意三業，這就是法布施。

因此在大施會中就要做到這種狀態下，宣揚這些理念及道理，這就叫做「法布施」。這種宣揚到位了，比提供眾生多少次的供養，其實都要強。

成佛之志，一生只為這一件事

【不憎惡人，起調伏心。】「調伏心」是指教化以令惡人棄惡從善之心。不僅僅是鎮壓，鎮壓也是鎮壓惡人的惡念、惡意、惡行為，所以不憎惡人。這就是在修一種平等心。

真正的菩薩應該平等、大慈、大悲。有了大慈大悲心的時候，就不會生起憎愛。有平等心，就不能說看這個人好，我就喜歡；看這個人不好，我就恨他、遠離他，那樣就不是平等心。

所以說向內自調心，向外就能調伏惡人。調伏

惡人，可以鎮壓他的惡念、惡意、惡行，但是心無瞋恚，不是憤怒，那是因為我對眾生起救度之心而沒有分別，所以這就是「不憎惡人，起調伏心」，就是要修行的法布施。

【以出家法，起於深心。】大乘菩薩在施法布施的過程中，都知道菩薩是以出家修道為相的一種外顯。為什麼要這樣？其實是一種外顯，給大家一種示現，即沒有牽掛、心無雜念，這一生我就為這一件事，志存高遠。志就是成佛之志。所以，這個心就是示出家相，而示現其深心，即是成佛之心。因此，「以出家法，起於身心」這句話是有很深的發心的。

【以如說行，起于多聞。】「以如說行」是指真正修行的大菩薩，他們言行必是一致的。說什麼和做什麼必是契合的，這就叫做「以如說而行，生起知行合一的多聞」。

【以無諍法，起空閒處。】雖然前面說的是多聞，但所謂「無諍法」，是指我所講的理論、對真相的領悟是沒有衝突的。沒有爭論，生起在空閒之處；多聞

了，還沒有衝突。這意思就是本來大家在一起修行，表面上看似人多嘴雜，因為每一個人的思想、每一個人的想法都不一樣，每一個人的我執和我見又特別地深重，如此難免產生爭論。但深層的意思則是「觀法如化，性是空閒」，意即是真正的法性不可得，真正的真理一定是在空閒處，而不是在爭論處。如果大家真能領悟透了這一點，即為大菩薩：「我認為對的只是我認為，這是我執和我見深重的一種表現。但真正的真理一定是在空閒處，而不是在爭論處。」

破除我執我見，實地修行

【趣向佛慧，起於宴坐。解眾生縛，起修行地。】

如此一來，我們能夠趣向佛智、傾向於佛智，即根塵識幻化無實。我們知道根和塵的關係，六根與六塵之間的關係，知曉其是幻化的，本身就是不實在的，雖然說外境紛擾，但知道箇中關係後，我的內心便能做到如如不動，這就是識斷惑證真。自己不會被束縛，也能夠解他人的束縛，這就是「解眾生縛，起修行地」的真義。

自己的惑解開了，別人的惑我也能幫他解開。為什麼？因為諸法如幻，六境皆幻，為什麼那麼較真

呢？本來是虛的、幻的，妄想出來的，只有實有的時候我們來爭論才有意義。本身不是實有的東西，所有我認為是對的、我以為的狀態，都是所謂的六根識的六塵，都是建立在我執和我見的基礎上。破掉了我執和我見，大家還爭論什麼？以這種心態去起修的時候，我們就能解脫重負。進一步，以此而生起的修行，就叫「實地修行」，也是真正修行的開始。

　　至此可見，維摩詰講的法施是什麼？法施其實就是把眾生以財施吸引過來，給大家講述大乘佛法的教義，讓眾生在得到飲食、供養生命的同時，以此度化慧命，這就是法施。

　　【以具相好及淨佛土，起福德業。】何為福德業？就是福德之善行。怎麼能起福德業呢？有福德、有福報、有功德是根據什麼來的？那就是六度：即布施、持戒、忍辱、精進、禪定、般若。而其中的講布施、忍辱、持戒，這三度常修，就能得福德業。

　　簡言之，菩薩救度眾生，以無為法而不著相，來生起福德之業。比如儒學孔子便曾經說過：「富潤屋，德潤身」。能具足相好，這就是淨佛國土。

第五節 隨機說法，平等布施

行善不僅救度身命，更重要的是增長慧命

【知一切眾生心念，如應說法，起于智業。】何謂智？依假諦而分別諸法，謂之智。假諦就不是真諦，真諦是真理。但是我們要把真理做一番說明，就得有比較，就得有參照物，但是有了比較、參照物，就會起分別心，這就是依假諦而分別諸法。所謂佛道是正道，正道和外道怎麼分別？不能說依真諦來講，一切皆平等，一切都沒有分別，不應該分別，沒有高低、上下、貴賤之分。那樣的話，佛道是不是跟外道是一樣的呢？這樣大家修外道就可以了，既然都無分別，外道一樣也是佛道。其實並非如此。

從真正的智上講，視情況依假諦而分別諸法，這也是一種智。根據眾生的不同根基而隨機說法，這就是智業。我知道真諦是什麼，也能夠隨機教化眾生的時候，我是能夠運用假諦的，這叫做權諦，權變之諦。這我也會，就叫做智業。菩薩救度眾生就是以方便智慧、以方便法，這叫「智業」。以此應機施教，隨眾生心，以如來妙法為眾生應機說法，這就是「起

于智業」、「知一切眾生心念」，我知道他的根基，知道他的緣，我就能以這種智業來隨機說教，度化眾生。

　　【知一切法不取不捨，入一相門，起於慧業。】何謂慧業？以般若智慧，了知諸法平等一如，謂之慧；以此而行，謂之慧業。

　　智業和慧業有什麼不同呢？智是有分別的，那叫「權變」。慧就是一如的，平等一如，即是真諦。智是以假諦示現真諦，慧就是真諦。以般若智慧了知諸法平等一如，以此而行，謂之「慧業」。

　　菩薩修行是以根本智，能知一切法不取不捨，入平等一相的法門。意思就是說，比如我們有黃金製品，有金杖、金碗、金印，其實不管是什麼形狀，是什麼用途，根本都是黃金，其本質都是黃金，所以這就叫做「知一切法不取不捨」，沒有分別。

　　為起分別，菩薩應機度化，隨機教化，那叫「智業」。慧業就是平等一如，法性本空，本質都是一樣的，沒有什麼兩樣，不取不捨，入一相門，起於慧業。要把這個道理，跟與會的大眾講清楚，讓他們理解，這也是法布施。

【斷一切煩惱，一切障礙，一切不善法，起一切善業。】菩薩空無相無作修行，前面講過這種修行，就是能做到斷一切煩惱，斷除一切所知障，斷除一切不善法，而這種斷叫做「不斷而斷」。從大乘菩薩道來講，不需要斷這些，但是我真的知道真諦了，知一切法，不取不捨，平等一如，知道以後就能做到不斷而自斷。沒有一個什麼東西要去斷，一旦有個東西要去斷的，就落入下乘了，就不符合大乘菩薩教義了。如此就能隨緣而起一切善法。

【以得一切智慧。】「一切智慧」即最根本的智慧，我們知道是空有二諦，一切諸法都是空，一切諸法又都是有，這叫「一切智慧」。

【一切善法，起於一切助佛道法】前面講了怎麼能夠生起一切善業，是大乘菩薩修空無相無作，對煩惱障礙以及不善法能不斷而斷，由此而能得到一切智慧、一切善法的緣故。修一切智慧和一切善法的緣故，就能生起一切助道之法。「助道」即「助行」。這裡的意思就是，圓滿佛果的增上緣，在這裡來講，無論順和逆，都能助道而行。

【**如是善男子，是為法施之會。**】意思是維摩詰說：「善德啊，這些你都理解嗎？我上面跟你講的就是法施之會。」

【**若菩薩住是法施會者，為大施主，亦為一切世間福田。**】如果能夠遵照奉行，能夠像上述所講的方法施行，開設大施會，這就是菩薩的法施之會。如果善德菩薩，能如是地住持法施之會，那就是最大的施主。這樣的大施會才真正是功德無量無邊，才稱得上是世間眾生真正的福田。如此種的不僅僅是福，不僅是得福報，更是得功德，這樣的福報也才會功德無量，亦即是福報無邊，功德無量。

維摩詰就在教善德，出家的眾生怎麼行善。所以我們要清楚，不是行善就是救度別人的身命，更重要的是，通過救度別人的身命，能夠讓他慧命增長，使他能發阿耨多羅三藐三菩提心，走上正等正覺的大乘佛道，這個才是真正的意義所在。不能單純只為了養活他的肉身，而進行簡單的財布施，那樣不一定能得到福德，反而有可能墮入三惡道。

種大悲福田，待最下賤之人如同待諸佛

【世尊，維摩詰說是法時，婆羅門眾中二百人，皆發阿耨多羅三藐三菩提心。】因此，善德回佛祖說：「世尊，維摩詰在講法施之法的時候，來參加大施會的婆羅門中兩百個人都聽明白了，都發起了無上的正等正覺的菩提心。」

【我時心得清淨，歎未曾有，稽首禮維摩詰足。即解瓔珞，價值百千而以上之，不肯取。】善德表示，這時候，我的心一下就靜下來了，真是得聞正法，知曉於財施之時，要不著功德利益，要廣傳佛法，開眾生慧命。這些話是我未曾聽聞過的，所以五體投地，以最高的禮節，禮遇維摩詰居士。所以，我就把隨身佩戴的寶珠寶玉等價值不菲的珍寶，都是價值千萬，供奉給維摩詰居士。但「不肯取」，表示維摩詰不要。

【我言：「居士，願必納受，隨意所與。」】善德說：「維摩詰居士，這是我的心意，不然我無以表達對你的教化感恩之心，所以你一定要收下。你想怎麼處置就怎麼處置。」

【維摩詰乃受瓔珞，分作二分。持一分，施此會中一最下乞人。持一分，奉彼難勝如來。】維摩詰聽到這話以後，他才收下了瓔珞，也就是珠寶。分成了兩份，一份珠寶給了在大施會中最貧賤、最下等的乞人、流浪漢；另一份珠寶則奉給了難勝如來。難勝如來是來自於光明佛國，即光明佛國的如來就叫做「難勝如來」。

【一切眾會，皆見光明國土難勝如來。】這句話的意思是維摩詰把珍寶的一份給難勝如來，一下大家就看見這位難勝如來了。

【又見珠瓔在彼佛上，變成四柱寶台，四面嚴飾，不相障蔽。】然後發現維摩詰居士供養的珍寶，在難勝如來的國土，一下就變成了四柱寶台。一個寶台的下面有四根華麗的柱子，四面嚴飾，不相障蔽。在此所代表的意思是，真正的實報莊嚴淨土，即光明佛國，供養如來的一份珠寶，真正在佛國顯現都不是一般的華麗、奢華。維摩詰當下的意思即是：根據你的心，供養的東西不在大小，心誠最重要。

【時維摩詰現神變已，又作是言：若施主等心施一最下乞人，猶如如來福田之相，無所分別，等於大悲。】 為什麼大家能見到光明佛國的難勝如來呢？這就是維摩詰示現的神變。兩份珍寶，為什麼一份要給到最下賤的流浪漢，這個我們清楚，流浪漢需要這些錢財來續命。另一份給光明佛國的難勝如來，又讓大家看到了他給出去的是一份珍寶，為何變成了那麼奢華的、佛的寶座了？

其實維摩詰的比喻是，給了最下賤的乞人這一份珠寶，就相當於供養了如來這麼大的一個寶座。他為什麼要這樣來示現？他其實是在告訴善德，最下賤的乞丐和最尊貴的如來之間，他們本身都是人，却有天壤之別，如果你能夠修這種無差別心，修這種平等一如的法，真正能夠做到用平等心對待最下賤的人就像對待諸佛一樣，這樣你種的就是平等大悲之福田。你如果能夠把最下賤的乞人和佛菩薩、如來同等看待，你就修成了大悲福田。

放下分別，修平等心，才能修至最高佛法境

【不求果報，是則名曰具足法施。】 如果你能夠在不求果報的狀態下，所得之果報將不可思議，這就叫

做「具足法施」。

　　在這裡，維摩詰居士還是在給善德講，什麼叫「具足法施」，法施大會應該怎麼做？教他的還是放下分別，修平等心，修平等一如，最後修的還都是同體大悲，無緣大慈，這就是最高的佛法境。

　　【城中一最下乞人，見是神力，聞其所說，皆發阿耨多羅三藐三菩提心。】這句話的意思是大城裡最下賤的乞丐，見到了維摩詰的神通之力，又聽到了維摩詰居士的說法教化，都發起了無上正等正覺的心。

　　【故我不任詣彼問疾。】所以，善德說：「我的能力確實達不到維摩詰居士的水準，我沒法代表佛祖和眾弟子去向他問疾。」

　　【如是，諸菩薩各向佛說其本緣，稱述維摩詰所言，皆曰不任詣彼問疾。】這表示，在經典裡舉了四個例子，四個菩薩是怎麼被維摩詰指點、度化、呵斥的，所有的菩薩在這裡都向佛祖說，他們不適合去問疾。

第五章

第五品文殊師利品（一）

文殊師利與維摩詰論道談空

文殊師利菩薩智慧第一，為千佛之師，

藉由代佛祖向維摩詰問疾。

兩位古佛菩薩的應機問答，

為眾生揭示「空」的表意，

以及眾生生病的病根。

第一節　文殊師利菩薩讚揚圓融真俗二諦

爾時，佛告文殊師利：「汝行詣維摩詰問疾。」文殊師利白佛言：「世尊！彼上人者，難為詶對。深達實相，善說法要，辯才無滯，智慧無礙；一切菩薩法式悉知，諸佛秘藏無不得入；降伏眾魔，遊戲神通，其慧方便，皆已得度。雖然，當承佛聖旨，詣彼問疾。」於是眾中諸菩薩大弟子，釋梵四天王等，咸作是念：今二大士，文殊師利、維摩詰共談，必說妙法。即時八千菩薩，五百聲聞，百千天人，皆欲隨從。於是文殊師利與諸菩薩大弟子眾，及諸天人恭敬圍繞，入毗耶離大城。

爾時，長者維摩詰心念：「今文殊師利，與大眾俱來。」即以神力，空其室內，除去所有，及諸侍者；唯置一床，以疾而臥。

文殊師利，既入其舍，見其室空，無諸所有，獨寢一床。

時維摩詰言：「善來，文殊師利！不來相而來，不見相而見。」

文殊師利言：「如是！居士！若來已，更不來；若去已，更不去。所以者何？來者無所從來，

去者無所至，所可見者，更不可見。且置是事，居士！是疾寧可忍不？療治有損，不至增乎！世尊殷勤，致問無量，居士是疾，何所因起？其生久如？當雲何滅？」

維摩詰言：「從癡有愛，則我病生；以一切眾生病，是故我病；若一切眾生得不病者，則我病滅。所以者何？菩薩為眾生故入生死，有生死則有病；若眾生得離病者，則菩薩無複病。譬如長者，唯有一子，其子得病，父母亦病。若子病癒，父母亦癒。菩薩如是，于諸眾生，愛之若子；眾生病則菩薩病，眾生病癒，菩薩亦癒。又言是疾，何所因起？菩薩疾者，以大悲起。」

文殊師利言：「居士此室，何以空無侍者？」維摩詰言：「諸佛國土，亦複皆空。」又問：「以何為空？」答曰：「以空空。」又問：「空何用空？」答曰：「以無分別空故空。」又問：「空可分別耶？」答曰：「分別亦空。」又問：「空當於何求？」答曰：「當於六十二見中求。」又問：「六十二見當於何求？」答曰：「當于諸佛解脫中求。」

佛做事，講究應機因緣

《維摩詰經》從一開始就講到，維摩詰居士示現身體的疾病，圍繞著誰代表佛祖去維摩詰居士那裡問疾，釋迦牟尼佛先是從他的弟子中問，後面又從菩薩中問。佛祖幾乎每一個人都問到了，但是所有弟子和菩薩都表示，自己沒有資格代表佛祖向維摩詰問疾。

為什麼？因為，佛做事講究應機，講究因緣，任何一件事情都不是隨便誰都可以去做的。對佛來講，本身有漏盡神通，所以他完全都知道，誰應該去對應這件事，誰應該去做這件事；換句話說，也就是誰跟這件事應機。

佛神通廣大、正等正覺，已經有圓滿的大智慧了，難道不知道要解決維摩詰問疾這件事，只有文殊師利菩薩才真正是應機之人嗎？那為什麼佛祖一個一個的問一遍，就像普通的俗人一樣，問誰能去？弟子和菩薩們不能去，因為他們本身不是應機之人，也都知道自己不是應機之人，所以大家不僅僅是謙虛，其實都明白佛祖的意思。

這是佛通過與弟子、菩薩的問答，以這種問答的形式來說法，引一個緣起，開始說這個法。

所以，佛祖最後才問文殊師利菩薩。文殊師利菩薩，在佛教裡是智慧第一，在《華嚴經》裡稱為「華嚴三聖」，他和普賢菩薩是釋迦牟尼佛的兩個助手，他的坐騎是獅子。獅子代表勇猛精進，代表無畏，也代表他的根基。他所坐的獅子一吼，百獸腦裂，即所有的人和動物直接就腦裂了。而這裡的腦裂意思並不是指腦袋分裂的血肉模糊，腦裂的意思是破除所知障，而破障礙是一種智慧。文殊師利菩薩揮智慧之劍，破掉一切的所知障。

世界都有劫數，我們這個世界就叫「賢劫」。而在賢劫當中，佛經上記載說有千佛出世。眾所皆知釋迦牟尼佛是娑婆世界中第四位出世的佛，第五位是彌勒菩薩。最後一位，亦即是第一千位成佛的千佛，叫做「樓至佛」。樓至佛就是「韋陀菩薩」，他發的願就是在賢劫中最後成佛，在他成佛之前要擔任護法，即諸佛現世，他要來當護法。

文殊師利菩薩是過去七佛之師，意思是這些佛都是在他的引導下成佛的。其實，他和觀世音菩薩一樣，都是在久遠的劫以來早已經成佛了。因為他的弟子要來這個世界上成佛，所以他這位老師也轉生到這個世上，來教導他的弟子在這個世間成佛。

　　所以，文殊師利菩薩相當於一所培養佛的學校裡的教務長，他是佛的老師，是智慧第一，他出現最多的是在《般若諸經》裡面，他呈現的是智慧，是般若大智慧。

　　在所有的弟子以及菩薩當中，文殊師利是尊長，是菩薩弟子中的首位大弟子。

深達實相，瞭解佛法真意

　　【爾時，佛告文殊師利：「汝行詣維摩詰問疾。」】佛祖對文殊師利菩薩說：「你代表我去問候維摩詰的疾病吧！」

　　【文殊師利白佛言：「世尊！彼上人者，難為酬對。深達實相，善說法要，辯才無滯，智慧無礙。】文殊師利在這裡沒說我不勝任，他沒有回絕。文殊師利對釋迦牟尼佛說的意思沒有回絕，也就是說承接了佛的聖命，然後馬上就廣讚維摩詰的道德、智慧、神通以及悲願。把維摩詰讚揚了幾遍，這就是文殊利菩薩的修為。

　　何為「深達實相」？《無量義經》中有實相、無相、無相不相的內容。《大智度論》中這樣說：「

滅諸言語，離諸心行，從本以來，無生無滅，如涅槃相，一切諸法相亦如是，是名諸法實相。」

如此究竟何謂「實相」？也就是說所有一切諸法從緣所生，無有實體，只有夢幻泡影的假相。維摩詰居士可以講是智慧廣大，對諸法的真如實相皆能徹底通達和實證，這就是所謂「深達實相」。

這可了不得，只有佛才能深達實相。文殊師利菩薩對維摩詰的任何一句評價其實都是在稱讚佛，如果沒有佛的無漏大神通，沒有佛的圓滿智，不可能做到深達實相，也絕不可能善說法要，包括辯才無滯、智慧無礙，這些都只有佛才能做到。

而維摩詰居士的大智慧，他對一切眾生能以種種的方便智慧，相機地宣說如來的真實妙法，這就叫做「善說法要」。他的善說法要，不是只是說一個法，而是針對眾生的不同，對上根、中根、下根之人皆有對應、相機的法去對他們講述。

其實，維摩詰居士他已經具備了四無礙智，具備了這個境界的智慧，那麼他在度眾生，為眾生說法的時候，能做到口若懸河、左右逢源、如盤走珠、旋轉自如，因為他已經圓通了，已經深達了實相，完全瞭解真正的佛法深意，所以他就能做到。這就叫「辯才

無滯」。

　　同時，維摩詰居士能夠圓融真俗二諦，能與諸法不取不捨，不增不減，以根本智來實證諸法的空性，而不礙有、不礙於萬有，也就是他掌握了空和有之間的道，以厚德智，善達諸法幻相而不礙空。有判斷，有形有相，這叫「厚德智」。

　　以厚德智，既有判斷的前提下，又知道諸法皆空，皆是幻相，有和空之間，這就是二諦的結合，所以說他能夠圓融真俗二諦。那就能做到來去自由、通用無滯，所以說他是「智慧無礙」。

第二節 維摩詰以神通變化接引世人

了悟通達佛法，一通百通

【一切菩薩法式悉知。】這裡講的是維摩詰居士自覺也覺他，他的因行已滿，這還是他修行的一個境界。他對佛法所有的一切，包括外道，一切世間及出世間的智慧，都能夠了悟通達，也就是一通百通，什麼都知道。

【諸佛秘藏無不得入。】「秘藏」意為佛法妙意之所藏，也叫做「諸法秘藏，無不得入」。這就是說維摩詰居士能夠於諸法覺行圓滿的果德上，有所實證。

另外，關於秘藏有一句話：「近知菩薩之儀式，遠入諸佛之秘藏」，秘藏在這裡是指佛的身口意秘密之藏。佛的身口意是最秘密的。誰能看透他呢？諸佛之秘藏，在這裡又可以理解為「諸法勝義不可言，不可分別，惟以智慧實證，故曰秘藏。」所以，所有的諸法實相沒法用語言來描述，也沒有辦法去分別判斷，其實不是二，都是一。既然用語言文字都無法描述，你又怎麼能夠得到呢？因此，所謂的「秘藏」是

無法從理上去認知，只能以般若智慧來實證，能證得不可以認知，不可以理解，這才稱之為「秘藏」。

【降伏眾魔，遊戲神通。】從佛法來講，修法中所有的障礙就是魔，魔障。何為「遊戲神通」？簡單解釋的話，是以神通變化來接引世人。更深一點的理解：「神」者謂之神妙莫測，「通」即是暢通無阻，所以這裡叫做「神通」。因此才有「神通變化是為遊，引物於我非真，是名戲也」，這句話是指這個東西神通變化，它不是實相，不是真的，它是幻相，也是假相，所以說：神通，其實也是一種遊和戲。

【其慧方便，皆已得度。】維摩詰居士以一切智智、方便善巧，徹底度脫生老病死諸苦，以此來救度眾生，所以才說：「其慧方便，皆已得度」。

【雖然，當承佛聖旨，詣彼問疾。】從這裡看出，文殊師利菩薩其實很謙虛，虛懷若谷，他去之前先把維摩詰居士讚歎了一遍，一點貢高我慢之心都沒有，他本身就是佛的老師，諸佛之師，智慧第一，卻這麼謙卑，這是他的態度。

【於是眾中諸菩薩大弟子，釋梵四天王等，咸作是念：今二大士，文殊師利、維摩詰共談，必說妙法。即時八千菩薩，五百聲聞，百千天人，皆欲隨從。】這裡所說的所有的菩薩大體，其實在之前都已經做了介紹。像「釋梵四天王」，也稱為「四大天王」，是帝釋天外面守護的大護法。據佛經記載，須彌山上第四層有四大護法、四大天王。他們都在想：這是個機會，這兩位得道的法師，其實都是古佛再來，他們兩位在一起談法，一定是妙法連篇，必然會有妙法聽聞，所以大家都想去。

【於是文殊師利，與諸菩薩大弟子眾，及諸天人，恭敬圍繞，入毗耶離大城。】於是，文殊菩薩就帶著這些弟子們和其他的大菩薩們、天人們去看望維摩詰居士了。

【爾時，長者維摩詰心念：「今文殊師利，與大眾俱來。」】維摩詰也是佛，具備漏盡神通、無漏大神通，所以都知道佛祖要派誰來自己這兒來問疾了。所以這句話表示，維摩詰知道文殊師利要帶著大眾來他這裡問疾。

證得實相，才能擁有心想事成的福報

【即以神力，空其室內，除去所有，及諸侍者，唯置一床，以疾而臥。】這時候，維摩詰居士知道要來好多人，八千菩薩、五百聲聞，百千天人，另加上無量的隨從，好幾萬人、神都要來。所以維摩詰居士提前做了準備。

首先，「以其神力，空其室內」，表示他的臥室裡有很多件家具，很多的奇珍異寶之類，他借用神力將它們隱去，包括他的眷屬、侍從等也都被隱去，屋子整個空了下來，只留一張床，自己躺在床上。

從這裡可以知道，維摩詰的妻女無數、侍從無量、財寶無盡，享盡了人世間的榮華富貴。同時也知道，這些東西都是神力所變，不是真的，都叫「示現」，不像世間的豪宅家具都是實實在在的。對於維摩詰來講，因為已經具備了神通法力，他深達實相，而且是證得的實相，不像凡夫俗子是從道理上得到理解的實相。因此，維摩詰證得實相之後，能隨意改變宇宙萬有的形相，完全能改變，想要就能出現，如果要讓它消失立馬就會消失於眼前。

這就是證得實相之後的一種狀態，那就可以遊戲人間，想要什麼就來什麼，就像我們說的神仙，想穿什麼好衣服就來什麼好衣服，想要美味食品就有精緻美食，想吃什麼就有什麼。這就是福報。維摩詰因為有大的福報，所以能做到想要什麼就來什麼，想享受什麼就能享受什麼。

至於一般世人、現實中的人，為什麼想要什麼就這麼難呢？我們想要一件好衣服，到商場去選，真的相中了又買不起，存了幾年的錢才能添一件好衣服，或者一塊好腕錶，或者一塊玉石。我們要一個東西怎麼這麼難？因為福報不夠，障礙太大，所以這些東西都不是實相。

因為我們沒有證得實相，也就沒有這些神通。那麼神通到底有沒有呢？現實中是有的，有的人就是這樣，他是有大福報的人，他做什麼事情，想要他就能有，自然就有人給他送過來，這其實就是一種神通，但是我們不把這個當成神通，我們都覺得在現實中有因有果。

維摩詰「空」其房的三個表意

　　像維摩詰也是這樣的，是以神力來空其室內。但重點在於，要思考理解維摩詰為什麼要把室內空出來？這是因為到後來，維摩詰居士在對這些釋迦牟尼佛的弟子們講法的時候，要借獅子寶座，就必須得有足夠的空間。

　　所以這裡第一個「空」的表意就是容納：一方面要容納文殊師利菩薩和千萬大眾，所以他要把屋子空出來；另外一方面，借獅子寶座要顯示神通，也得需要有空間。

　　第二個「空」的表意是，在文殊師利來之前，維摩詰把房間空了，其實這裡已經在講法了。這裡所講的法就是「欲得妙有，必先真空」。文殊師利他們一來看到是空的，空裡面帶著法理，就是這個意思，妙有是從真空中來，空中不空，哪來妙有，這裡表的是這個意。

　　第三個更深一層「空」的表意，就是「真空空內執，並非空外境」。所以空其室內，除去所有的物品以及諸侍者。其實，維摩詰是以此作為比喻，看似

沒有東西，真的沒有東西嗎？外境表現的只是一種示現，這都叫「表法」。而維摩詰的任何一個舉動，任何一個起心動念，其實都是在表法。

至此，可以想見在《維摩詰經》裡，一個字的虛言都沒有，語言特別的精練，特別的簡單，但是含義特別深。

第三節　古佛相見，皆在表法

佛法精隨，緣起性空

【文殊師利既入其舍，見其室空，無諸所有，獨寢一床。】文殊師利帶著大眾進入維摩詰的房間，一看就明白了他要表達的、要示現的是什麼。一看「無諸所有，獨寢一床」，在這裡面所強調的見其室空，無諸所有，表現的就是「法不相待，亦無依持」，也就是說佛法不會等待任何人，也沒有固定的依靠或支持。行者，也就是修行的人，應該遠離兩邊，無我以及我所。文殊師利在這裡一看維摩詰的表現就明白了，維摩詰要跟他說的，示現的就是所謂「心境俱空，能所雙亡」，也就是指心境和能力都歸於空無，沒有所依附或依靠的物件，然後方能入於不二法門。

這是什麼意思？而且文殊師利菩薩一看見室空，怎麼想這麼多呢？又怎麼知道維摩詰怎麼想呢？其實，這都是《維摩詰經》想要在後面向我們鋪陳的佛法義理，只是我們提前在這裡講了。當兩大古佛菩薩在一起，心裡像明鏡似的，彼此心裡全都知道怎麼回事，並在這表法。這裡的表法並不是指坐下來就講

經說法，而是通過一些舉動、一些安排，讓你看得明白，這叫「示現」。示現以後，就是「外行的人看熱鬧，內行就能看出門道」，在這裡講的這些，就是其中的門道。

因此「見其室空，無諸所有」，維摩詰要表達的就是「心如虛空，無我法二執」。沒有我執，也沒有法執，所以表現出來的就是「無諸所有」，這是一個寓言。

其實，更深層的是表現出《華嚴經》裡的一段經典：「諸佛以一道而證菩提」。「獨寢一床」，意思是就留下一張床。除此之外，「諸法解脫」，什麼都沒有。為什麼只留了一張床在這兒，為什麼不留兩張？怎麼不留一個沙發呢？其實都是在表法——心如空虛，但還是要有「一」，因為「諸佛以一道而證菩提」，這就是獨留一張床的表意。

另一個意思是在告訴我們，比如《契經》裡有這樣一句話：「悟一則千從，迷一則萬惑。」就是這個「一」、這個「一道」，一道即通達佛理，一道即通達佛經。我們要的都是一個「一」，這就叫做「不二法門」。

其實，維摩詰所表現的法裡面有甚深的含義，但

在這裡只能簡簡單單地把表相深層意思講一講，但又不能太深，以便讓大家領悟其中法理，例如從字裡行間看不看得出來——「事空」是法理，「無諸所有」也是法理，「獨寢一床」這些都在表理。維摩詰居士其實要表現的是：「你沒來呢，我就已經通過房間的這種安排，把這個理說出來了！我要看你文殊師利菩薩，到底能不能看出來？能不能悟出來？」

不過，文殊師利菩薩是尋常的來問病嗎？當然不是，而是來把法理表述出來。因此在這裡，是要來觀察兩人相互的境界。維摩詰抓住佛法的精髓所在，精髓就是「緣起性空」，這是一個絕對的真理。而不取不捨、不增不減是唯一行持的方法。所以，維摩詰留著一張床在這裡，以描述這個不二法門。

由此看來，《維摩詰經》很有意思，特別有戲劇性。而且愈是往深層寓意去解讀的話，愈能解讀出來這些話都是諸法之妙有、諸法之妙理，深入在其中。

來而不來，見而不見，病而不病

【時，維摩詰言：「善來，文殊師利！不來相而來，不見相而見。」】這都是智慧的語言，意思就是，本身諸法如幻，性自空寂，不可以說有來或者無來，也

不可以說有見或者無見。

　　一旦問：「你來了嗎？」若回答說：「我來了。」就落入了下乘，就著了兩邊，執著於我執了。「我來了」是指「我的肉身來了」，然而法身盡虛空遍法界，無所謂「來了」，也無所謂「去」。

　　或者問「我看見你了嗎？」回答說：「我看見你」，或者「我沒看見你」，同樣也落入下乘。看見、沒看見指的是肉身，「我看見你的肉身推門進來了！」這就是看見了；「你沒推門進來，我就沒看見！」這指的都是肉身。但，佛菩薩說的都是「法身」，中間的深層道理要細細思考，才是修行之人必須了解的理。

　　維摩詰居士一上來，就是以大智慧的「觀空遣相破執」。「遣」是排遣的意思，破的是「我執」，心常住於無礙解脫的真如法性當中。所以，他一說話就是法理，這裡講的是維摩詰居士的境界，隨緣任運，自在無礙。所以他破的就是「無有人去，無有人來」的執著相，所以說：「來而不來，見而不見。」

　　若再向外推理，文殊師利一來是做什麼？是來問疾的——因為維摩詰居士生病了——那麼從這個理來推論的話，既然「來而不來，見而不見」，其實也可

以說：「維摩詰居士病而不病」。因為從法理、法性上講，維摩詰哪有病？肉身才有病，肉身本身都是幻相，哪有真病？

所以，維摩詰一開口就說：「我維摩詰就是病而不病，你文殊菩薩來而不來。」彼此之間盤恒問答，亦是問而不問，答而不答。這其中的相機，都是有法理的，關鍵在於能不能聽懂，能不能聽明白？聽明白了，悟到了其中的妙理，這都是因為深達實相才能說出的話，然後才能跟他對應。不然的話，你對不了，你都聽不懂他在說什麼，你怎麼能跟他相應，怎麼能跟他相對呢？

所以，維摩詰居士一上來就告訴文殊菩薩，一切諸法皆是因緣而生，無實自體，就沒有一個實體。從來，見、問、答而言，都是假相，因為「法性本空，故當不取，不取不捨」，所以說：「不來相而來，不見相而見。」就這一句話，要想詳細的解說其中的法理妙意，那就能說出好多內容來，我們在這裡只是簡單理解一下而已。

再提醒一下，《維摩詰經》講到這裡，文殊師利和維摩詰後面的所有，包括展示出來的神跡，全都已經是對大乘菩薩講的，針對上上根的人來講的，其實

講出來就已經不究竟了。

　　下根之人聽不了這些話，根本就理解不了，為什麼？因為下根之人隨時隨地帶著判斷、帶著分別，還以為世間都是真相，肉眼所見的都是真的，眼見的都為實，那就根本看不了後面的內容，看了、學了對你無益。

　　所以，在這裡講解《維摩詰經》，就是針對上根之人做一些簡略的介紹而已，也不能詳細的去講。本來言語一旦說出來，文字一旦暴露出來，當下「道」就已經斷了，就已經離了上上乘了。

　　但是，為了眾生修行，這裡勉為其難詮釋一下。

第四節　無字真經方為真正的經

剛生即滅，「我覺得」都是一種錯覺

【文殊師利言：「如是！居士！若來已，更不來；若去已，更不去。所以者何？來者無所從來，去者無所至，所可見者，更不可見。」】既然說諸法實相，不生不滅，本自非動，就不存在一個動與靜的問題，豈能以來與不來、去與不去、見與不見，分別地說這件事呢？你既然來跟我談實相，實相哪有什麼來還是去？你不是也在分別嗎？什麼見與不見，病與不病，問與不問，答與不答，問題本身就已經在分別了。

這些法都是緣生，剎那就會變化，既然因緣所變，緣又是什麼？忽聚忽散，這就是緣，沒有一個場景，剎那變化，剛生即滅，這就是緣法。我們人也是，我們覺得我們是剛生即滅嗎？不是的。我們從生下來到死去，如果在世間活了百歲，你認為這一百年好像時間挺長的，但是在宇宙長河中，卻是瞬間生、瞬間變。時間的概念是相對的，而不是絕對的。就如同「我覺得」我的生命從生到死，一天天過得很漫長，但那是「我覺得」，不代表「你覺得」或「萬物

覺得」。

因為，真正的實相概念，就是即生即死，中間的一切過程都是「我覺著」的一種錯覺。來和去不也是一樣的嗎？其中無有實在的我法可得。既然已來、已去、已見、已病、已問，都是幻相，那麼暫現不住，滅已成過去。當我說這話的時候，其實都已經成為過去了，所以不能「復來、復去、復見、復病或復問」，意思是都已經過去了。其實文殊師利也沒客氣，直接就回過去了：「你不是跟我談實相嗎？我們就來談實相，你問這些幹什麼？」

維摩詰居士一聽這話，文殊師利基本上也是一樣實證了空相，他沒有被維摩詰說的話所震懾住，甚至還找到了他話中的缺漏之處。而這，就是應機對答。

也有人說：「既然是大菩薩在一起對話，他怎麼還能有缺漏呢？應該無漏才對！」要知道「無漏的話」，就乾脆沒有任何言語了。因為，只要有言語，立馬就有缺漏。有誰講話不會錯的呢？而佛菩薩為什麼要顯出缺漏來呢？因為這是有意義的。其實，真正的佛菩薩見面什麼語言都沒有，不需要說任何話，因為一說一動，就落入下乘了。但是需要以二乘法來教化二乘人，就像我們這一類凡夫俗子，現實中的人都

是下根之人，就得用下根的話、下根的法去講說，他才能聽明白，然後再一點點往上層領悟。

　　而最高境界的修行人，如佛、菩薩見面，哪有話可談呢？但是如果這樣，經典就沒有了，最高的經典不就是無字真經嗎？

　　例如唐玄奘西天取經，真正的真經就是無字真經。但是，無字真經理解不了、看不懂怎麼辦？玄奘只好又回去，對佛祖說：「您慈悲為懷，給我眾生最高的經典，但是我眾生真看不懂。」然後佛祖才給了他們有字真經，六百卷帶回去，一個字一個字的去看、去學，那已經落入下乘了。然而沒辦法，世間眾生都是下乘的人。

知上乘之理，從下乘的教義起修

　　佛講佛法不能都針對上乘去講，那有誰聽得懂？因此，真正修佛一定要清楚自己的位置。

　　現在是末法時期，世間已沒有上乘人，整個地球七十億人口，也找不到一個上乘的人。無論是《壇經》也好，《維摩詰經》也好，《金剛經》也好，其實已經沒有人看得懂了。我們下乘人要修的話，就要從三法印、三無漏學、四聖諦、三十七道品、十善六

度這些一步步起修才行。不要一上來就空談佛理，這裡講解《維摩詰經》是權宜之計，既然講了就有其意義。

　　但是，講《維摩詰經》的意義絕不是讓我們現在的下乘人，直接按照維摩詰告訴我們的最上乘的法去修。這點一定要先理清楚，對上乘的佛理要知，但是在修行時一定要從下乘的教義開始。知，永遠走在行的前面，我們先從理上明，知道上乘的理在哪裡，但是要從最基礎學起。

　　這有點像學物理學，我們現在像是剛學物理的初級的小學生，但是我知道自己的目標是學好以後，要製造火箭，將之發射到太空、到火星去，這是我學物理的一個目標。然後我的行要從初級物理一點點開展，最後才能精進貫通，學到通透了以後，才能製造火箭。任何學問都要一步一步來，這就叫做「實修實證」，清楚目標，到達到目標，即是到「證」的過程就是「修」。

　　【且置是事，居士！是疾寧可忍不？療治有損，不至增乎！】這裡意思是說，維摩詰剛才跟文殊師利在實相方面討論了一下，但文殊師利馬上就說：「行了，

咱們現在先別說這些了！沒用，說這些有什麼意義呢？反正你問我，我相機來回答，我們的修行境界就在這裡了，差不多了。但是別再往下說了！沒意義，咱不是來做這件事，談空性、說實相有什麼用？還是先說說你的病吧！」

人有病了，不就是痛苦嗎，就叫「病苦」。於是「療治有損，不至增乎」，這句話表面上的意思是說：「維摩詰你能忍受病痛嗎？你疼不疼？是不是很不舒服啊？能不能忍受得了啊？你治病，有沒有吃藥，病情好點沒，病情不至於加重了吧？」這就拉回到現實了。

【世尊殷勤，致問無量。】接著，文殊師利又問：「你陷入病態，得病了，佛祖即我們的師父，對你的病非常關心，所以派我帶領著眾弟子們來問候你。」

【居士是疾，何所因起？其生久如？當雲何滅？】文殊師利再問：「你的病到底是怎麼引起的，是感冒？還是心情鬱悶？到底怎麼回事？生病多久呢？應該怎麼治療才好？」現在文殊師利對維摩詰的問候，就不談空理了，不論實相，全是從現實面來看，真的

來向維摩詰問病。

真俗二諦，依根性不同說法

　　文殊師利菩薩真的是在表面上關心維摩詰的病？如果真的是關心病，他不就落入下乘了嗎？但是言語間又確實是在關心他的現實。

　　其實，在這裡說的就是真俗二諦之理。《中論》裡曾提及：「諸佛依二諦，為眾生說法。一依世俗諦，二依勝義諦。」

　　所有的佛雖然已證得實相，深達實相，但是他又善說法要。善說法要的第一位是什麼？不是對所有人都說實相法，而是隨機、應機。諸佛說法，要看對方是什麼根性的人，對什麼根性的人就說什麼法。所以，諸佛為度眾生，說法分二諦，兩個都是真諦，即是真俗二諦。

　　真諦即是實相法，又叫「勝義諦」。這是對上乘的人說的。

　　那麼對於下乘人，普通的老百姓，即二乘聲聞人，佛就以「世俗諦」來說法。

　　從勝義諦來講，則無來無去，無見無聞，無病無不病，無問無答。剛才維摩詰和文殊師利的問答就是

「勝義諦」。

　　現在，文殊師利直接從現實中去詣問病情，這是從世俗諦的角度來講的，那就應該如理地問明他的病因病狀，所以這裡問這麼多的話，問病是怎麼來的、多長時間了、好點沒有、疼不疼……。文殊師利和維摩詰兩個大菩薩在一起，言語裡面都是深機，深不可測，聽者若達不到同等境界是無法理解的。

　　事實上，光這段文字裡的應答，文殊師利菩薩對維摩詰居士有三問：第一問是文殊師利自問。第二問是文殊師利代佛問，意思就是我代佛來問你，居士這個病是怎麼引起的，多長時間，如何醫治才能好。第三問就是問病緣起。

　　其實，文殊師利在這裡一共有五問，後面還有兩問，第四問是問「室空無侍」，指你房間裡空著，也沒有侍者。還有第五問是「問明病相」。

　　而文殊師利與維摩詰一見面就是三問，還有兩問，後文再闡述。

第五節 眾生病皆因愚癡貪愛起

菩薩大悲為緣，與眾生同生同死

【維摩詰言：「從癡有愛，則我病生；以一切眾生病，是故我病；若一切眾生得不病者，則我病滅。】

維摩詰說：「你既然來跟我說世俗諦。好！我們就從世俗的角度來講清楚。世俗諦的角度講，怎麼才能生病？」這裡的「從癡有愛，則我病生」，一個癡、一個愛，其實已經把世俗中，普通人生病的真正病根揭示出來了。

病由何起？維摩詰是藉由自己的病來說明，眾生的病是從何而起。病從愚癡貪愛起。從癡有愛，癡即是愚癡，愛就是貪戀執著、不放不捨，這就是所謂的癡和愛。

世間所有的眾生、所有的病，如果從世俗諦的角度來講，病根最深處就是這樣。任何的病，都是從愚癡、貪戀、執著、不放手、固執等角度去找病根，一定都能找到。一句話就把世俗諦，他怎麼得病的緣起，基本上已經告訴我們了。

不要以為我們的病是因為外境影響，比如濕、

寒、燥、熱，或者作息時間不好，或者什麼東西吃多了、吃少了、吃飯不按時等等，這些病因都只是表徵，不是根源，事實上，人之所以會生病的真正根源就是癡和愛。

「以一切眾生病，是故我病」，這裡要講的是菩薩怎麼會得病呢？維摩詰居士屬於大菩薩，甚至是古佛，怎麼可能得病呢？他的病不是由癡和愛而來。他的病是由一切眾生的病，所以他才得病。為什麼？這叫「示現」。

「一切眾生，從無始來」，是指一切眾生從最原始出來，就稱為「無明熾盛」。不通達人生宇宙的真相，也不能了悟世間及出世間的因果規律，因此於內執我，於外執法，這樣經常就會起惑造業，由此流轉生死。

在這裡，維摩詰講所謂的癡、愛是生病的根源，愛是一種放不下，而癡即是放不下我執，也放不下法執，同時又是無明起禍造業。這就是所謂的癡和愛是所有眾生之所以得病的根源。

什麼是病？生老病死皆為病，稱之為「八病」。其實八種大病皆從八苦而來。比如：求不得會痛苦！那也是病。

但是，菩薩就不是這麼回事。菩薩得病的根源是什麼呢？菩薩的病是大悲為源。起了這種悲心，才是菩薩得病的根源。大悲者悲憫六道眾生，因為眾生都在苦海中掙扎煎熬。眾生有生死，則菩薩不捨眾生，隨入苦海，而有生死。

　　這就是同事攝。眾生什麼樣子，菩薩就是什麼樣子，他一定不會表現出來和眾生不同，絕不會高高在上，好像「我是菩薩，永遠都不會得病，永遠都不會死，受眾生崇拜」。表現出與眾生不同的不是菩薩，那叫「魔」。真正的菩薩是以大悲心與眾生同生、同死、同樂、同苦、同病，所以大悲為緣。正所謂「眾生生死無始無終，則菩薩悲願亦無盡無窮」。眾生無有生死大病，菩薩也就沒有所謂的生死大病了。

　　但為什麼釋迦牟尼佛八十歲的時候，還得示現？要圓寂呢？他為什麼不能一直活到現在呢？若是如此，眾生不是更信他了嗎？為什麼示現出疾病，最後跟普通人一樣死了？因為只有這樣子，大家才知道：佛祖其實就是跟你我一樣的普通人，所以佛祖能修到什麼境界，眾生也能修到什麼境界。

　　如果佛祖至今仍活著，我們還會覺得他是普通人嗎？覺得他跟我們是一樣的嗎？那他就是高高在上

的，大家只有崇拜的份，根本就不可能向他學習。甚至心生：「向他學什麼？人家是神仙！」如此就有距離感了，有距離感了以後，眾生就沒辦法跟他學了。這就是菩薩佛的大悲心。

有句話是這樣說的：「菩薩前悲無窮，以癡愛為際；後悲無極，與群生俱滅。」

【所以者何？菩薩為眾生故入生死，有生死則有病；若眾生得離病者，則菩薩無複病。】這便是所謂「世俗諦」，是離開了實相、脫離實相而談。當佛祖或修行菩薩在跟云云眾生講的時候，能讓他們能聽懂，甚至好像一下子明白了，但事實上並沒有明白透徹。但「好像明白了」，這就可以了，只要達到這個目的就行了。

病有凡夫之病，有菩薩之病。凡夫之病的根源是癡和愛，愚癡無明起，起禍造業，造了業後面就得承受惡果，這就是愚癡；愛就是執著，我執以及法執。當我有執著的時候，放不下，這時就有取捨，有取捨的時候就有健康與不健康、病與非病的說法。癡和愛就是最根本的兩個根源。

而菩薩的病是由大根性而起，與眾生同在，簡單

來講就是這個意思。

【譬如長者，唯有一子，其子得病，父母亦病。若子病癒，父母亦愈。菩薩如是，于諸眾生，愛之若子；眾生病則菩薩病，眾生病癒，菩薩亦愈。又言是疾，何所因起？菩薩疾者，以大悲起。】這一段是解釋上面的話。大家還是沒有明白他所表達的，菩薩為什麼還得病？於是他又做了一個比喻，正如菩薩大悲，視一切眾生好像自己的獨生子一樣，而且能平等地對待，就好像父母對自己的孩子一樣。這種就是菩薩大悲不捨眾生的精神，因為眾生無邊無際，眾生生死無始無終，所以諸菩薩不入涅槃。

菩薩不是成不了佛，菩薩的大願是救度眾生，涅槃了怎麼救度眾生？所以他不入涅槃，為度有情。所以長處世間，以示現生死病老，以此代受諸苦，由此度化眾生。

菩薩演戲，讓眾生從戲中找自己

所以我們要理解菩薩的大悲心，這樣就會知道，不要說好像菩薩生病了，就奇怪。維摩詰居士怎麼能生病呢？這不是跟普通人一樣嗎？他是怎麼修的，怎

麼還能修出病來呢？那也不圓滿。

其實現實中也是，佛祖都要得病，這些修行的大德也要得病，也有生老病死。這並不是給大德生病找藉口，但要清楚大德生病都叫做「示現」。如果眾生全都是健康的話，大德包括佛菩薩也一樣會健康，他就沒有必要再示現生老病死這些外相了。

我們不要認為那些像佛菩薩這樣的大德者，生病跟眾生是一樣的。眾生得病，因為四大不調，而菩薩患病是因悲憫眾生而起。眾生的病是煩惱我執作祟，煩惱我執是由愚癡和愛而來，菩薩的病則是菩薩般若大悲所生。

所以，當文殊師菩薩利問：「病因何而起？」維摩詰居士回答：「我這個病是因為大悲心，悲憫眾生而來的。」這一段對話就是在說病的根源，非常重要，並用最直接且最簡單的話，告訴一般眾人有關疾病的起源。

【文殊師利言：「居士此室，何以空無侍者？」】

這就是文殊師利的第四問：「房間裡面怎麼都是空的呢，怎麼連個侍者都沒有？」文殊師利懂不懂這個理？當然懂了，他是故意問的，這叫「緣起」。

為什麼維摩詰居士得病讓大家來看？不就是藉機給大家說法，度化有緣嗎？沒有人問的話，怎麼緣起？所以，這裡就相當於演戲一樣。

　　《維摩詰經》就是一部匯集很多場戲的大戲，都說佛菩薩包括佛弟子都在演戲，演給誰看呢？演戲給眾生看，讓大家從戲中來找自己，來看自己是什麼樣的狀態。

　　【維摩詰言：「諸佛國土，亦複皆空。」】因此維摩詰回答說：「諸佛國土，亦複皆空。」剛才我們講到，為什麼他要以空無侍者，來接待文殊師利菩薩？這裡面都有回答，其實都是有意義的。

　　這一段就是說：什麼是佛土？我們將三千大千世界稱為佛土。佛土，我們可以稱之為無漏的有為法。無漏的有為法與有漏的有為法，都是緣生的。兩者有什麼區別呢？無漏的有為法，就叫「淨」；有漏的有為法，就叫「染」，由此而有區別。

　　但是，不管是淨和染，本性統一，都是這樣的有相無體、自性空寂。所以維摩詰的房間，在三千大千世界中就像一粒小灰塵一樣。佛土從本性來講，都是自性空寂、有相無體的話，整個佛土三千大千世界

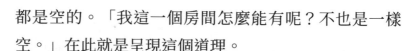

都是空的。「我這一個房間怎麼能有呢？不也是一樣空。」在此就是呈現這個道理。

　　僧肇在解讀這句話時註明：「平等之道，理無二途，十方國土無不空者，為何獨問一室空耶？」意思就是：「你又一下子回到了勝義諦，剛才談病的時候還是世俗諦，這一下就拉回來了。竟然還要來問我，這個室內為什麼是空的？連侍者都沒有？要知道十方國土皆是空，你知道這個實相，怎麼還能這樣問我呢？我這一室怎麼能有呢？當然以空來表示。」

第六節 二佛論空性

真空實有、實相，必須得證得

【又問：「以何為空？」答曰：「以空空。」】文殊師利這裡又用勝義諦來對話。文殊師利繼續問：「室內無侍者，如果代表空，佛土為什麼也空呢？」維摩詰答：「以空空。」

「以空空」這三個字很簡單，指的就是：「諸法無始無終，自性本空，別無空因，法爾如是，不待建立，所以空空。」整句意思就是，既然實相本身就是空，就沒有一個因為什麼是空，所以稱為「空空」。

就像六祖惠能在《壇經》裡說的「本來無一物」。怎麼還能問：「為什麼沒有一個東西呢？那個東西哪兒去了？」當你問為什麼沒有一個東西的時候，其實就等於在問那個東西哪兒去了。然而「本來無一物」——本來就沒有，空就是空。而法性諸法皆空，就是本性，怎麼還能問原因呢？這就是所謂「以空空」。

在此解讀實相，用我們語言去描述時，怎麼描述都不究竟，怎麼描述都是有漏，這就叫「權宜之

計」——用權變的語言來簡單地做一點描述，用我們下乘人好像能聽得懂的語言描述，其實可能聽不懂，看看而已，就當作是看戲一樣。

【又問：「空何用空？」答曰：「以無分別空故空。」】在這裡大概解讀一下：「空何用空」，文殊師利問這句話是什麼意思呢？有分別，都叫「識」；無分別，就叫「智」。

《華嚴經》說：「三界心心所皆虛妄分別。」還有一句話：「上空法空，此空智空。」上空法空即最上乘境界的空叫做「法空」，這是無分別，這裡的空就是「智空」。既然諸法皆空，而能緣的智亦是空。因此，法是緣生，無實自體，本性是空，所以就叫做「法空」。

智本身亦是無漏有為法。既然是有為法，也是因緣所生。既然是因緣所生，一定是中無實體。所以智亦是空，不可執著分別。

到底怎麼空法，何謂無分別空故空？《唯識三十頌》有這樣一句話：「若時於所緣，智都無所得，爾時住唯識，離二取相故。」我們把這句話理解了，基本上就能理解什麼叫「無分別空」了。這句話的意

思，用簡單的話來解讀就是：能緣諸法的，能取執是空；能證空理的智慧亦是空。這就叫做「以無分別空故空」。

這個能不能用大白話講，能不能讓我們一聽就明白？不可能。這已經是大白話了，只能是講到這種程度了。好多人看到這裡的時候，覺得空來空去的，都是什麼啊？怎麼都看不明白？其實，你不能從文字上去解，文字解得再明白，記憶得再好，也沒有用，你也不知道「空」是什麼。

所謂真空實有、實相，必須得證得。本身現在講的這個理，就不是針對小乘人、下乘人講的。為什麼叫「下乘人」？放不下分別，天天言空、言有，那個空就是真的、絕對的空，有也是絕對的有。因此在這種狀態下，根本就理解不了，所謂「無分別空」等等這些話。

「真正的空是有，有中有真空，真空有妙有！」若要真正理解，只能說眼前看見這些人事物都存在，但是實際上又不存在。雖然我知道我看見它了，但是其實它並不存在。但一般人要怎麼理解？其實這是要用生命去「證得」，才會真正明白！

【又問：「空可分別耶？」答曰：「分別亦空。」】文殊師利又問：「既然說無分別，怎麼還能有個空呢？空和有不是對立的嗎？」維摩詰答曰：「分別亦空。」在這裡，兩個人一問一答，意思是空性是否可以分別？既然分別了還叫「空」嗎？那真正的「空」是什麼？「無分別空」既沒有空，也沒有有。因此整句話的意思就是：「空不自空，由相所顯」。要理解的是，空也不是絕對的空，還是有，是要由相而所顯。然後顯出來的相，不是實相，本身是幻象。而幻相是有？還是沒有？就要看個人的修行程度了！

有分別，但不執於分別

就像播放電影影片，電影裡面有悲劇、有喜劇，也有世界的精彩，什麼都有。但是，我們知道那是電影，真的存在嗎？在螢幕上有個世界嗎？沒有，那叫幻象。然而，到底有還是沒有？

沒有的話，看電影的時候為什麼還痛哭流涕，還歡喜雀躍，好像自己就在電影中呢？

說有吧！你真的在電影當中嗎？是什麼跟你相應？是跟實相在相應嗎？是跟客觀的存在相應嗎？若都不是，那到底是有還是沒有？這就是我們剛才講

的，「有不自有，攬空性成」。「攬」意即是拉回來。因為透過能緣的識和所緣的境，才能引起你的受想行識，才會有情緒！例如電影播放情節，播喜劇，你就歡欣雀躍、高興得開心大笑；播放悲劇，你就痛哭流涕，這就是你的識和外面的境。

能證的智和所證的理，都是有而非真，無實自性，空相如如，所以不可分別言說。無實自性，即沒有實實在在的自性。不能用分別，為什麼？所緣的識是真的嗎？你的情緒、你的感受、你的思想、你的情緒是真的嗎？即生即滅，由因緣而生，就不是實，不是真的。所緣的境，即電影，那是真的嗎？也不是真的。所以你的識和外面的境都不是真的。那你怎麼看待？怎麼去分別？

當你不能去分別，所以問：「空可分別耶？」既然一切都是空的，幻化不實的。分別亦是緣生，有相無體也是一樣，自性空寂，分別又不執著於分別。那麼，分別有還是沒有？不能不承認我就是情緒動了，我就是受感動了，這是真的。但是又不能執著於它。因為若你要真的以此為真，那就有問題了，就執著於它了。

電影演的是情節，是真有嗎？我受感動了，聯想

到自己了，或者聯想到別人了，聯想到這個世間所謂的恩怨情仇了，所有的感受是真的嗎？它是存在，但是不可以執著於它的存在，其實就是這個道理。

　　針對這種現象，六祖惠能在《壇經》裡講到：「常起諸根用，而不作用想。分別一切法，而無分別想。」其實就是那句話：「能善分別諸法相，於第一義而不動。」這就是「分別亦空」的理。

第七節 破除六十二邪見，成正等正覺

六十二見也是五蘊法

【又問：「空當於何求？」答曰：「當於六十二見中求。」】文殊師利菩薩又問：「空當於何求？」意思是我怎麼能得到這個空呢？維摩詰居士馬上回答：「當於六十二見中求。」

文殊師利問這個問題，其實很正常。「你既然這麼說，分別也都是空，全都是空，那我怎麼能得到空？怎麼能證得這個空呢？既然一切皆空，那就是具體怎麼能證？」我們看一下維摩詰居士的回答，為什麼說：「當於六十二見中」。六十二見指的又是什麼意思呢？

在所謂引發煩惱的邪見當中，在煩惱上了知如幻而得菩提，在生死上了知性空而證涅槃。

六十二見就是對過去世所謂的五蘊各執有「常、無常、常無常、非常非無常」這四句，形成二十見；對現在世五蘊各執有「有邊、無邊、有邊無邊、非有邊非無邊」四句，這四種狀態又形成了二十見；對未來世五蘊各執有，未來世執著於「如去、不如去，如

去不如去、非如去非不如去」四句，又形成了二十
見。一共這就是三世，過去世、現在世、未來世，各
自執著於常、有、去，所以這樣就是六十句，稱為六
十見，亦即是六十偏見、六十邪見。

　　如果再加上六十一和六十二見，即「我與五蘊
合，我與五蘊離」二見，五蘊即是色、受、想、行、
識，這樣就形成了六十二見。六十二見純粹就是無明
邪見，是我們煩惱執著之根，讓我們生生世世在六道
當中不斷地輪轉，解脫不了，這就是邪見。因為有這
個邪見，我們破不了無明，所以我們才出離不了，才
解脫不了。

　　六十二見，我們應該斷除，怎麼能在這裡求空
呢？空不就證得實相了，這不是矛盾嗎？

　　其實維摩詰居士在這裡說：「破六十二見」，並
不是說把六十二見當成有形。因為，把這些邪見當成
有形，反而才會執著於邪見中，天天想怎麼破它，反
而被邪見所牽引。

　　雖然說六十二個邪見，但是它們也是無體，也是
無相，也是空無所有。

　　六十二個邪見也是五蘊法。五蘊法是緣生的，依
它起性。這些都是《成唯識論》、《唯識三十頌》裡

的術語，可以大概理解一下。

在《成唯識論》所謂「依它起性，沒有自性，緣生緣滅、即生即滅、如夢如化，所以不可以分別計持」。計是計較，持就是持有，也就是執著。簡單地說，不可以在言語上過分地強調，應該遠離於依它起上的遍計執著。

這種執著一旦放下，六十二邪見是有還是沒有？有，但是不能當成絕對的有，它不是客觀的存在。有，但是又不執著於它，這就是一旦放下，清淨無相的「圓成空理」，也就是圓滿的所謂證得的空，就會自然的彰顯出來。

從六十二見中求空

但這個「空」又從哪裡求？從六十二見中求。六十二見又都是邪見。如果你能不執著於破掉六十二見，也就是不著於相的話，還有什麼相能去執著呢？所以你就在六十二見這裡求，意思就是愈怕什麼，我們就從哪兒修；愈怕什麼，我們就愈修什麼。

六十二見是我們脫離生死，走上修行之路，成正等正覺，最應該破除的，我們反而就從這兒開始起修，以此來得空性。於是修的就是：這個都不存在，

也不是不存在，但我都不分別它。

【又問：「六十二見當於何求？」答曰：「**當於諸佛解脫中求。**」】後面文殊師利又問了：「六十二見當於何求？」意思是「我怎麼從六十二見裡修，我怎麼能求得空呢？我本身為什麼不空？不就是因為我具備六十二見，我破不了六十二見，我才不能證悟到空性空理。我到底應該怎麼從六十二見當中能求得空性，亦即是實相呢？」

維摩詰又回答：「當于諸佛解脫中求。」

這裡先來理解一下：文殊師利問的這些問題其實都挺正常的：你這麼回答，我馬上就問你，一步步往下深入。這裡主要思考的是：維摩詰居士為什麼會這樣說：「當於諸佛解脫中求。」

何謂六十二見？如何得空性，悟空理？從諸佛如何解脫？何謂解脫？怎麼解脫？我們都要清楚。

比如，僧肇也說了這樣一句話：「舍執見，名解脫；背解脫，名邪見。」諸佛如來以般若大智慧，善於通達，就知道六十二邪見，皆是幻化不實，那麼遠離六十二邪見的分別執著，也就是在相上見性，有上觀空，背捨六十二見而得解脫。所以說，六十二見當

於諸佛解脫中求。

這一句話我們應該怎麼理解？佛的解脫是從哪裡來的？從捨掉了六十二見。對六十二見，我們也不要有分別和執著。怎麼捨掉六十二見？我們就說斷捨離。要去掉這六十二個邪見，但是這樣能得解脫嗎？又執著於怎麼去掉六十二邪見，把六十二邪見去掉了，就會建立六十二正見。但，建立起來就能解脫了嗎？其實是不對的，不可能得到解脫。你還是在分別與執著當中。捨執見，可不代表斷、不要，當你建立起正見的時候，這不是還得取、還得捨嗎？

因此，當這邊是捨邪見，那邊是取正見，你還是成不了佛，找不到中間那個中體及平衡。

藉由談空，兩佛相機說法

真正的空性，是我捨了這個執見，沒有什麼可建立的。捨執見，明解脫。解脫即是佛，就達到這種境界。所以還是要從兩邊當中超脫出來。

在這裡，文殊師利和維摩詰一開始先談了一下病，後面馬上就開始談空。病是大概問候一下，簡單的說一下，後面直接談空，以室內無物而談其空。

如果我們是初學佛的學生的話，對這一段的話

根本就摸不著頭緒。因為這一段是證得的，不是在理上說得清楚，或者是能理解明白的。在於，凡夫如我們帶著偏見，帶著分別，帶著判斷，是二乘人。所謂下乘、小乘、二乘，就是放不下分別，要麼就是好，要麼就是壞；要麼就是有，要麼就是空。在這種狀態下，永遠都理解不了什麼叫「真空」。

因此，這兩個大菩薩的對話是一種境界。這種境界的話，只用非常簡單的語言，包括兩個人一見面了以後寒暄兩句，再看相互的境界高低。於是這一看，就會發現兩個人勢均力敵，一個字的廢話都沒有，談的全都是所謂的空性，是最上乘的境界。

不過，這是只是先試探一下，之後兩位古佛菩薩才能相機說法、相機說教！

筆記 notes

解密維摩詰經的大乘佛法實踐道 ❸
──探索小乘與大乘之間的精髓教義

作者／范明公
主編／段卉華、張閔
出版贊助／徐麗珍
文字編輯／魏賓千
執行編輯／李寶怡
封面及版型設計／廖又頤
美術編輯／廖又頤
企畫選書人／賈俊國

總編輯／賈俊國
副總編輯／蘇士尹
編輯／黃欣
行銷企畫／張莉滎、蕭羽猜、溫于閎

發　行　人／何飛鵬
法　律　顧　問／元禾法律事務所王子文律師
出　　　版／布克文化出版事業部
　　　　　　115 台北市南港區昆陽街 16 號 4 樓
　　　　　　電話：(02)2500-7008 傳真：(02)2502-7676
　　　　　　Email：sbooker.service@cite.com.tw
發　　　行／英屬蓋曼群島商家庭傳媒股份有限公司城邦分公司
　　　　　　115 台北市南港區昆陽街 16 號 8 樓
　　　　　　書虫客服服務專線：(02)2500-7718；2500-7719
　　　　　　24 小時傳真專線：(02)2500-1990；2500-1991
　　　　　　劃撥帳號：19863813；戶名：書虫股份有限公司
　　　　　　讀者服務信箱：service@readingclub.com.tw
香港發行所／城邦（香港）出版集團有限公司
　　　　　　香港九龍土瓜灣土瓜灣道 86 號順聯工業大廈 6 樓 A 室
　　　　　　電話：+852-2508-6231　傳真：+852-2578-9337
　　　　　　Email：hkcite@biznetvigator.com
馬新發行所／城邦（馬新）出版集團 Cité (M) Sdn. Bhd.
　　　　　　41, Jalan Radin Anum, Bandar Baru Sri Petaling,
　　　　　　57000 Kuala Lumpur, Malaysia
　　　　　　電話：+603-9056-3833　傳真：+603-9057-6622
　　　　　　Email：services@cite.my
印　　　刷／韋懋實業有限公司
初　　　版／2024 年 09 月
定　　　價／新台幣 300 元
ISBN ／ 978-626-7431-83-2（平裝）
EISBN ／ 978-626-7431-82-5（EPUB）

城邦讀書花園　布克文化
www.cite.com.tw　WWW.SBOOKER.COM.TW